Volumen 10
Lecciones de fe 24 a 27

por Raynard Vander Laan

HACIA UN NUEVO MILENIO

La misión de Editorial Vida es proporcionar los recursos necesarios a fin de alcanzar a las personas para Jesucristo y ayudarlas a crecer en su fe.

ISBN: 0-8297-2620-9
Categoría: Estudio bíblico/General

Este libro fue publicado en inglés con el título *That the World May Know*

© 1996 by Raynard Vander Laan
Publicado por Focus on the Family, Colorado Springs, CO 80995. Todos los derechos reservados.

Salvo lo establecido en el párrafo anterior, no podrá reproducirse parte alguna de este libro, guardarse en un sistema de recuperación de datos, ni transmitirse en ninguna forma o por ningún medio (electrónico, mecánico, por fotocopias, grabaciones, u otros), cualquiera que sea el propósito, sin el previo permiso por escrito de la casa editorial.

Diseño de la portada: Marvin Harrell
Fotografía del autor en la contraportada: Patrick Brock

Printed in the United States of America

Ilustraciones 57, 60: BC Studios
Ilustraciones 105, 107, 108, 109, 110, 111, 112, 116: Charles Shaw
Ilustración 113: Leen Ritmeyer
Ilustraciones 115, 145 (superior derecha, inferior derecha), 147, 148 (superior derecha, inferior derecha): Ray Vander Laan
Ilustraciones 145 (superior izquierda, inferior izquierda), 146, 148 (superior izquierda, inferior izquierda), 149, 150, 151, 152 (superior izquierda, inferior izquierda): Eyal Bartov
Ilustración 152 (superior derecha): JoLee Wennersten
Ilustración 152 (inferior derecha): Israel Museum, Jerusalén
Ilustración 144: Greg Holcombe

ÍNDICE

Introducción
  "Para que el mundo sepa..." 5

Lección 24
  El peso del mundo 10

Lección 25
  La piedra fue removida 30

Lección 26
  Poder para todos 48

Lección 27
  Compromiso total 69

Glosario 95

Apéndice 101

Lección 24   **El peso del mundo**
  Ilustración 57 El mundo romano
  Ilustración 105 La tierra en tiempos del ministerio de Jesús
  Ilustración 107 Topografía de Jerusalén
  Ilustración 108 Los distritos de Jerusalén
  Ilustración 115 La prensa de aceitunas
  Ilustración 144 Jerusalén desde el huerto tradicional de Getsemaní
  Ilustración 145 Prensas de aceitunas
  Ilustración 146 Cultivo de olivos

Lección 25   **La piedra fue removida**
  Ilustración 57 El mundo romano
  Ilustración 108 Los distritos de Jerusalén
  Ilustración 147 El huerto del sepulcro
  Ilustración 148 Costumbres fúnebres

Lección 26   **Poder para todos**
  Ilustración 57 El mundo romano
  Ilustración 60 Cronología del Nuevo Testamento
  Ilustración 105 La tierra en tiempos del ministerio de Jesús
  Ilustración 107 Topografía de Jerusalén
  Ilustración 108 Los distritos de Jerusalén
  Ilustración 109 La Jerusalén de David y de Salomón
  Ilustración 110 La Jerusalén del tiempo de Jesús
  Ilustración 111 Los patios del templo
  Ilustración 112 El monte del templo: 70 d.C.
  Ilustración 113 Desarrollo del monte del templo

Lección 27   **Compromiso total**
  Ilustración 57 El mundo romano
  Ilustración 60 Cronología del Nuevo Testamento
  Ilustración 105 La tierra en tiempos del ministerio de Jesús
  Ilustración 116 Cesarea
  Ilustración 149 Ruinas del puerto
  Ilustración 150 Escenas de Cesarea
  Ilustración 151 El palacio de Herodes
  Ilustración 152 Las ruinas del sueño de Herodes

Introducción

"PARA QUE EL MUNDO SEPA..."

Hace más de tres mil ochocientos años, Dios le habló a su siervo Abraham: "Levántate, ve por la tierra a lo largo de ella y a su ancho; porque a ti la daré" (Génesis 13:17). Desde el principio, la elección de Dios de un nómada hebreo para que comenzara su plan de redención (que todavía está desarrollándose), estuvo ligada a la selección de una tierra específica donde su obra redentora se llevaría a cabo. La naturaleza de la relación del pacto de Dios con su pueblo exigía un lugar donde pudiera ejercerse la fe y mostrarse a todas las naciones para que el mundo supiera de Yavé, el único Dios verdadero. Dios mostró tanto cuidado en la preparación de una tierra para su pueblo elegido, como en la preparación de ese mismo pueblo para que viviera en dicha tierra. Para que podamos comprender totalmente el plan y propósito de Dios para su pueblo, primero debemos entender la naturaleza del lugar que seleccionó para él.

En el Antiguo Testamento, Dios prometió proteger y proveer para los hebreos. Comenzó por darles Canaán, una tierra bella y fértil donde Él derramaría sus bendiciones sobre ellos. Sin embargo, para poseer esta tierra, los israelitas tenían que vivir en obediencia delante de Dios. Repetidamente, las Escrituras hebreas relacionan la obediencia de Israel a Dios con la continua posesión de Canaán por parte de la nación, lo mismo que relacionan su desobediencia con el castigo del exilio (Levítico 18:24-28). Cuando los israelitas fueron desterrados de la Tierra Prometida (2 Reyes 18:11), no experimentaron las bendiciones de Dios. Sólo cuando poseyeron la tierra conocieron la plenitud de las promesas de Dios.

Para la época del Nuevo Testamento, el pueblo judío había sido sacado de su Tierra Prometida por los babilonios, porque Israel había fracasado en vivir en obediencia delante de Dios (Jeremías 25:4-11). El exilio duró setenta años, pero su efecto en el pueblo de Dios fue asombroso. Se desarrollaron nuevos modelos de adoración, y los escribas y expertos en la ley de Dios le dieron forma al nuevo compromiso de serle fieles a Él. Los profetas predijeron la aparición de un Mesías semejante al rey David que restauraría el reino del pueblo hebreo. Pero para entonces, en la Tierra Prometida vivían muchos otros grupos de personas cuyas prácticas religiosas, valores morales y estilo de vida estaban en conflicto con los de los judíos. Les resultó más difícil vivir como testigos de Dios a medida que las visiones globales de los griegos, los romanos y los samaritanos se mezclaron con la de los israelitas. La Tierra Prometida estaba dividida entre reyes y gobernadores que por lo general estaban bajo la autoridad de algún imperio extranjero. Pero esto no cambió la misión del pueblo de Dios. Todavía debían vivir para que el mundo supiera que nuestro Dios es el verdadero Dios. Y la tierra continuó proveyéndoles la oportunidad de encontrar a los que necesitaban urgentemente conocer esta realidad.

La tierra que Dios eligió para su pueblo estaba en la encrucijada del mundo. La atravesaba la Vía Maris, una ruta comercial de gran importancia. Los planes de Dios para los israelitas eran que tomaran control de las ciudades a lo largo de esta ruta, y con eso influyeran en las naciones que los rodeaban. La Tierra Prometida sería el escenario en que el pueblo de Dios le serviría fielmente mientras el mundo observaba. Mediante su justa manera de vivir, los hebreos revelarían al mundo a Yavé, el único Dios verdadero. (Sin embargo, fracasaron en cumplir esta misión, debido a su infidelidad.)

El cristianismo occidental tiende a espiritualizar el concepto de la Tierra Prometida que se presenta en la Biblia. En vez de verla como una encrucijada desde donde se influyera en el mundo, los cristianos modernos la ven como una ciudad distante y celestial, una gloriosa "Canaán" hacia la cual estamos viajando mientras pasamos por alto al mundo que nos rodea. Nos enfocamos en el lugar de nuestro destino y no en el viaje. Inconscientemente hemos separado nuestro andar con Dios de nuestra responsabilidad hacia el mundo en que Él nos ha colocado. En cierto sentido, nuestra experiencia terrenal es simplemente la preparación para una eternidad en la "Tierra Prometida". Sin embargo, el estar preocupados con esta idea distorsiona la misión que Dios ha establecido para nosotros. La misión es la misma que les dio a los israelitas. Debemos vivir en obediencia en el mundo para que, a través de nosotros, el mundo pueda saber que nuestro Dios es el único Dios verdadero.

El vivir por fe no es una experiencia vaga y "del otro mundo"; más bien es ser fiel a Dios en este momento, en el lugar y en el tiempo que Él nos ha puesto. Dios pone de relieve esta verdad por la elección que hizo de Canaán, una encrucijada del mundo antiguo, como la Tierra Prometida para los israelitas. Dios quiere a su pueblo participando en el juego, no sentado en el banco.

La geografía de Canaán dio forma a la cultura del pueblo que vivía allí. Sus poblados se iniciaron cerca de fuentes de agua y de alimentos. El clima y las materias primas influyeron en su elección en cuanto a ocupación, vestimenta, armas, régimen alimenticio e incluso expresión artística. Cuando sus ciudades crecieron, se relacionaron políticamente. El comercio se desarrolló y se establecieron rutas comerciales.

Los autores bíblicos supusieron que sus lectores conocían bien la geografía del Oriente Medio. Lamentablemente, hoy día muchos cristianos ni siquiera tienen un conocimiento geográfico elemental de la región. Esta serie está diseñada para ayudar a resolver ese problema. Estudiaremos a las personas y los acontecimientos bíblicos en sus contextos geográficos e históricos. Una vez que usted conozca bien *quién, qué y dónde* en una historia bíblica, podrá comprender mejor *por qué*. Al profundizar su comprensión de la Palabra de Dios, podrá fortalecer su relación con Él.

Terminología

El lenguaje bíblico está ligado a la cultura y al tiempo. Por lo tanto, la comprensión de las Escrituras abarca más que el conocimiento del significado de las palabras. Necesitamos comprender esas palabras desde la perspectiva del pueblo que las empleó. El pueblo que Dios eligió como sus instrumentos, y al que Él mismo se reveló, eran hebreos que vivían en el Oriente Medio. Este pueblo se describió a sí mismo y a su mundo en términos concretos. Su terminología era un lenguaje de figuras, metáforas y ejemplos más bien que de ideas, definiciones y conceptos abstractos. Cuando nosotros describimos a Dios como omnisciente u omnipresente (que lo sabe todo y está presente en todas partes), un hebreo preferiría decir "Jehová es mi pastor." Por lo tanto, la Biblia está llena de imágenes concretas de la cultura hebrea que dicen que Dios es nuestro Padre y nosotros somos sus hijos. Dios es el alfarero y nosotros somos el barro. Jesús es el Cordero sacrificado en la Pascua. El cielo es un oasis en el desierto; el infierno es el basurero y vertedero de aguas negras de la ciudad. El juicio final será en la puerta oriental de la Jerusalén celestial, e incluye ovejas y cabritos.

Se emplean varios términos para identificar la tierra que Dios prometió a Abraham. El Antiguo Testamento se refiere a ella como Canaán o Israel. El Nuevo Testamento la llama Judea. Después del segundo levantamiento judío (132-135 d.C.), se le conoció como Palestina. Cada uno de estos nombres fue el resultado de acontecimientos históricos que tuvieron lugar en la tierra en la época en que se concibieron dichos nombres.

Canaán es uno de los primeros nombres dados a la Tierra Prometida. La palabra probablemente significaba "rojo/púrpura", refiriéndose al tinte producido de las conchas de los moluscos múrice a lo largo de la costa de Fenicia. En el mundo antiguo, se empleaba este famoso tinte para teñir la ropa que usaba la realeza. La palabra para el color se empleó por último para referirse al pueblo que producía el tinte y la tela púrpura para vender. Por lo tanto, en la Biblia "cananeo" se refiere a "comerciante" o "mercader" (Zacarías 14:21), así como también a una persona de la "tierra de la púrpura", o Canaán. Originalmente, la palabra sólo se refería a la costa de Fenicia; sin embargo, más tarde se aplicó a toda la región de Canaán. Teológicamente, los cananeos eran la antítesis del pueblo de Dios, y por lo tanto, la oposición entre los israelitas y los cananeos era total.

La designación en el Antiguo Testamento para la Tierra Prometida se deriva del patriarca Jacob, a quien Dios cambió el nombre a Israel (Génesis 32:28). A sus descendientes se les conoció como los hijos de Israel. Después que los israelitas conquistaron Canaán en la época de Josué, el nombre del pueblo se convirtió en la designación de la tierra en sí (del mismo modo que lo había sido con los cananeos). Cuando la nación se dividió después de la muerte de Salomón, el nombre "Israel" se aplicó al reino del norte y su territorio, mientras que la tierra del sur fue llamada Judá. Después de la caída del reino del norte a mano de los asirios en el año 722 a.C., se le volvió a llamar Israel a toda la tierra.

La palabra "Palestina" viene del pueblo de la llanura costera, los filisteos. Aunque los egipcios emplearon la palabra "Palestina" mucho antes del período romano para referirse a la tierra donde vivían los filisteos (Filistea), fue el emperador Adriano quien popularizó el término como parte de su campaña para eliminar la influencia judía en la zona.

Durante la época del Nuevo Testamento, a la Tierra Prometida la llamaron Palestina o Judea. Judea (que quiere decir "judío") denotaba técnicamente la tierra que había sido la nación de Judá. Debido a la influencia que el pueblo de Judea había tenido en el resto de la tierra, la tierra misma se llamaba Judea. Los romanos dividieron la tierra en varias provincias: Judea, Samaria y Galilea (las tres divisiones principales durante la época de Jesús); Gaulanitida, el Decápolis y Perea (al este del río Jordán); e Idumea (Edom) y Nabatea (en el sur). Estas otras divisiones de Israel enriquecen el fondo histórico y cultural que Dios preparó para la venida de Jesús y el comienzo de su iglesia.

En la actualidad, los nombres "Israel" y "Palestina" se emplean a menudo para referirse a la tierra que Dios le dio a Abraham. Ambos términos tienen gran connotación política. Los árabes que viven en la región central del país emplean la palabra "Palestina", mientras que los judíos emplean "Israel" para referirse al Estado de Israel. En este estudio se emplea "Israel" en el sentido bíblico. Esta elección no indica declaración política alguna con relación a la lucha actual que está ocurriendo en el Oriente Medio, sino más bien el término se ha elegido para reflejar mejor la designación bíblica para dicha tierra.

Josefo, el historiador judío

La fuente más importante de información acerca de la vida en la época de Jesús es un historiador judío conocido en la historia como Josefo Flavio. Sus extensos escritos sobre la historia, la política, la cultura y la religión del Israel del primer siglo, son valiosísimos para ayudarnos a entender el ambiente en que Dios colocó a su pueblo. Aunque los relatos de Josefo, supuestamente de primera mano y que incluyen comentarios, fueron escritos por un hombre y por lo tanto son susceptibles de la parcialidad que tendría cualquier persona, la arqueología y las investigaciones históricas han demostrado que Josefo fue muy preciso en sus descripciones de la vida durante la época del Nuevo Testamento.

Josefo nació en una familia acaudalada de sacerdotes poco después de la crucifixión de Jesús, cerca del 38 d.C. El nombre hebreo de Josefo fue Yosef Ben Mattatías. Un joven brillante, estudió bajo los dirigentes de varios movimientos judíos de su época, entre ellos los fariseos, los saduceos y los esenios. Estaba familiarizado con el mundo romano, ya que había pasado mucho tiempo en Roma y le impresionaban la gloria y el poderío del Imperio. Hablaba con fluidez arameo, griego y hebreo, los idiomas principales de su época.

Cuando comenzó la Primera Rebelión Judía (66 d.C.), se le dio a Josefo el mando de la resistencia judía en Galilea. Se rindió a Vespasiano, el general romano, y con osadía predijo que Vespasiano llegaría a ser el próximo emperador, basado en la interpretación de Josefo de las profecías del Antiguo Testamento. Como Vespasiano era supersticioso y Josefo era sacerdote, se le perdonó la vida a Josefo. Cuando Vespasiano llegó a ser emperador, Josefo se convirtió en escriba personal de la familia, y hasta adoptó su apellido, Flavio, y recibió la ciudadanía romana. Josefo pasó el resto de su vida escribiendo la historia del pueblo judío, concentrándose en los años cruciales desde 168 a.C. hasta 100 d.C., el período del Nuevo Testamento. Como los judíos patriotas lo odiaban por traidor y los romanos sospechaban de él debido a su participación en la rebelión judía, Josefo escribió a fin de justificarse a sí mismo y de darle al pueblo judío la mejor imagen posible. Sus obras principales, Las guerras de los judíos y Antigüedades de los judíos, son fuentes esenciales para todo estudiante del Nuevo Testamento.

Josefo no mencionó a Jesús ni a la iglesia primitiva (es probable que el único pasaje acerca de Jesús fuera añadido por escritores cristianos muchos años después de la muerte de Josefo). Escribió mucho acerca de la familia de Herodes, incluyendo descripciones de la ejecución de Juan el Bautista, la muerte de Herodes Agripa, y otros personajes mencionados en la Biblia. Irónicamente, puesto que tienen mucha información de fondo, los escritos de Josefo son un elemento clave para entender a Jesús, su mensaje y su ministerio en el Israel del primer siglo. Josefo fue otra parte del plan de Dios para que todo fuera completo para la venida de su Hijo.

Introducción al estudio

El estudiar las Escrituras es una experiencia muy provechosa, porque Dios nos habla a través de ellas. Los autores humanos inspirados de la Biblia, así como aquellos a quienes originalmente se dirigieron dichas palabras, fueron judíos que vivían en el Oriente Medio. Las palabras y acciones de Dios les hablaron con tal poder, claridad y propósito que las registraron y preservaron cuidadosamente como una obra literaria autorizada.

El uso que Dios hizo de siervos humanos para revelarse, dio como resultado escritos que claramente llevan el sello del tiempo y el lugar en que fueron elaborados. Por supuesto que el mensaje de las Escrituras es eterno e inmutable, pero las circunstancias y condiciones del pueblo de la Biblia son excepcionales para su época. Por lo tanto, comprendemos la verdad de Dios con mucha mayor claridad cuando conocemos el contexto cultural dentro del cual Él habló y actuó, y la percepción del pueblo con el que se comunicó. Esto no significa que la revelación de Dios no es clara si no conocemos el contexto cultural. Más bien, al aprender cómo pensar y ver la vida como la vieron Abraham, Moisés, Rut, Ester y Pablo, los cristianos modernos profundizarán su apreciación de la Palabra de Dios. Para aplicar totalmente el mensaje bíblico a nuestra vida, debemos penetrar en el mundo de los hebreos y conocer bien su cultura.

Ese es el propósito de este plan de estudios. Los acontecimientos y personajes bíblicos serán presentados en sus escenarios originales. Aunque los videos ofrecen la más reciente investigación arqueológica, esta serie no tiene el propósito de ser un estudio cultural y geográfico de las tierras bíblicas. No se revela aquí ningún descubrimiento científico original. El propósito de esta serie es ayudarle a comprender mejor la misión revelada de Dios para su vida, permitiéndole oír y ver las palabras del Señor en el contexto original.

Este plan de estudios proporciona antecedentes culturales y material bíblico adicional para estudiar. Lea los pasajes bíblicos apropiados y medite en el llamado de Dios para su vida hoy.

Pautas para dirigir las sesiones

1. Asegúrese de echar un vistazo a todo el material para conocer bien las sesiones. A fin de utilizar este estudio de manera eficaz, usted necesitará invertir varias horas trabajando en el curso. Además, necesitará decidir qué actividades utilizará en cada sesión, dependiendo del tiempo que usted haya decidido darle al curso.

2. Desarrolle la respuesta a la que quiere llegar para cada pregunta y formule sus propias conclusiones. Pídale mayor información a un maestro o líder. También puede presentar ideas nuevas. La manera más eficaz de descubrir la Biblia en su escenario es que el maestro tenga una actitud de aprendizaje en la clase. Estimule el intercambio de ideas y llegue a conclusiones haciéndose experto en hacer el tipo de preguntas que le ayudarán a sondear diferentes respuestas. Es muy importante que respete las respuestas de los demás.

3. Repase los materiales clave al comienzo de cada sesión. Necesita tiempo para absorber e integrar la información nueva a su comprensión de las Escrituras. Si alguna que otra vez repasa lugares importantes en mapas, busca referencias de las personas y los acontecimientos en la cronología bíblica, y busca referencias a los puntos principales en las lecciones anteriores, desarrollará la capacidad de leer la Biblia en su contexto. También es importante que esté bien versado en los antecedentes culturales elementales de la Biblia. Considere el aprender de memoria detalles clave en los mapas y en la cronología.

4. Para aprender más acerca de los antecedentes culturales y geográficos, estudie otros recursos sobre historia y geografía bíblicas, las raíces judías del cristianismo, los antecedentes generales y arqueológicos.

5. Consulte con las siguientes fuentes a fin de aprender más acerca de los antecedentes específicos del tercer grupo de videos:
   Los siguientes artículos son de *Jerusalem Perspective,* una publicación bimestral dedicada a ayudar a que las personas entiendan a Jesús en su ambiente judío. Cada número contiene artículos

escritos por eruditos judíos o cristianos acerca de algún aspecto de la vida y ministerio de Jesús. Provee excelentes antecedentes para cualquier persona que quiera saber más acerca de Jesús y de su tiempo.

6. Este plan de estudios está diseñado para ofrecerle la máxima flexibilidad en cuanto a la programación y al material que se usará en las sesiones. Dependiendo de la cantidad de material que usted elija usar, cada lección puede abarcar desde una sesión de 50 minutos hasta una serie de cuatro, cinco o incluso seis sesiones de 60 ó 75 minutos de duración. Para su comodidad, cada lección ha sido dividida en dos unidades. La Unidad Uno es un panorama general a ser utilizado si usted desea completar una lección de fe en el período de una clase, ya sea en 50 minutos o en dos horas. Contiene preguntas de revisión clave de cada elemento contenido en el video sin tener que recurrir a muchos antecedentes o detalles.

La Unidad Dos está dividida en varios pasos que desarrollan los elementos en la Unidad Uno con mayor profundidad.

A continuación, un ejemplo del bosquejo de una lección:

A. Unidad Uno: Repaso del video

   1. Un estudio más a fondo I

B. Unidad Dos

   1. Paso Uno

      a. Un estudio más a fondo II
      b. Un estudio más a fondo III

   2. Paso Dos

   3. Paso Tres

      a. Un estudio más a fondo IV

Al preparar las sesiones de su clase, asegúrese de repasar las secciones opcionales de estudio tituladas "Un estudio más profundo", ya que allí puede encontrar información valiosa para estudiar, ya sea como un suplemento para el material básico o, si el tiempo es limitado, incluso para reemplazar parte del material básico. El tiempo necesario para las secciones tituladas "Un estudio más a fondo" variará grandemente dependiendo del número de estudiantes en la clase (si se da en un ambiente de clase) y de la cantidad de detalles que usted desee tratar. Las asignaciones de tiempo sugeridas oscilan desde un mínimo hasta un máximo.

NOTA: Algunas secciones y temas a tratar en este volumen se repiten de volúmenes anteriores. Aunque son relativamente pocas, proveen información importante para las lecciones de este volumen. Si usted ya las ha tratado en los cuatro primeros volúmenes, es probable que sólo requiera un simple repaso. Si no ha completado las lecciones 1-10, las secciones y los temas repetidos aquí ofrecen antecedentes esenciales para la comprensión del material de esta unidad.

Lección 24

El peso del mundo

Es imposible para nosotros comprender el amor de Jesús por sus seguidores, y su devoción a Dios. No sólo es difícil para nosotros imaginar que alguien pueda amar tanto como Él, sino que también es difícil imaginarnos el hecho de que las personas que Él ama no lo merecen. La mente humana no puede comprender el nivel de la devoción de Jesús hacia la voluntad de su Padre, al estar dispuesto a ir a la muerte en la cruz. Sin embargo, Jesús dejó un registro de sus últimas horas de agonía. Leer ese registro nos puede ayudar a comenzar a sentir su amor, y estudiar ese registro en su escenario adecuado puede incluso ayudarnos a comprender mejor al Señor.

Jesús no sólo enfrentó la presión de su caminar hacia la cruz, sino también la de saber que allí sería abandonado por todos, incluso por su Padre celestial. Antes de su crucifixión, eligió enfrentar esa carga en un lugar creado para aplicar enorme presión: un getsemaní, es decir, una prensa de aceitunas. Esta unidad explora las horas que Jesús pasó en Getsemaní, y las enseñanzas que podemos sacar para entender más acerca de su amor. Este estudio debe inspirarle a una consagración más profunda, y a estar dispuesto a ser más como Jesús.

Piense en una experiencia de mucha tensión que haya tenido recientemente. ¿Cómo se sintió en ese momento? ¿Cómo actuó? ¿Cómo respondió Dios? Esta lección enfocará la tremenda presión que Jesús enfrentó en su camino a la cruz.

Sus objetivos para esta lección

Al terminar esta sección, usted querrá:

Saber/entender

1. La ubicación de Getsemaní y su relación con Jerusalén.
2. Lo que es un getsemaní y cómo nos puede ayudar a imaginar la experiencia de Jesús.
3. La importancia del cultivo de olivos para el pueblo de Israel.
4. La gente que jugó un papel decisivo en el arresto de Jesús.
5. Cómo pasó Jesús la semana antes de su muerte en Jerusalén.
6. La manera en que Jesús manejó la angustia de su crucifixión venidera.

Para hacer

1. Planifique enfrentar la presión de sufrir y el dolor de la misma manera que lo hizo Jesús en Getsemaní.
2. Agradézcale a Dios por el amor y la dedicación que Jesús mostró al ir a la cruz.
3. Trate de relacionarse a Dios como un Padre compasivo y bondadoso, tal como Jesús lo hizo.

Cómo planificar esta lección

Debido al volumen del material en esta lección, tal vez usted necesite dividirla en varias sesiones. Para ayudarle a determinar cómo hacerlo, la lección ha sido dividida en varios segmentos. Note que el tiempo que necesite probablemente variará considerablemente, dependiendo en elementos tales como el profesor, el tamaño de la clase, y el nivel de interés de los alumnos.

Lección 24

Si usted desea dar toda la lección en una sesión, deberá completar la Unidad Uno que trata los puntos principales del video, pero sin profundizar mucho. Si desea profundizar más en cualquiera de los puntos dentro de la Unidad Uno, éstos se tratan de manera más completa en el resto del material.

Cómo prepararse para esta lección

Materiales necesarios

- Mapas/diagramas: "El mundo romano", "La tierra en tiempos del ministerio de Jesús", "Topografía de Jerusalén" y "Los distritos de Jerusalén"
- Ilustraciones: "El mundo romano", "La tierra en tiempos del ministerio de Jesús", "Topografía de Jerusalén", "Los distritos de Jerusalén" y "La prensa de aceitunas"
- Hoja de trabajo: "Una luz para el mundo"
- Video: El peso del mundo
- Televisor, videocasetera

    1. Prepare los mapas/diagramas mencionados.
    2. Prepare las ilustraciones mencionadas. (Las encontrará en la parte de atrás de este libro.)
    3. Prepare la hoja de trabajo mencionada. (Si es posible, debe leerla antes de la lección.)
    4. Repase la geografía de las tierras de la Biblia, de la "Introducción".
    5. Determine qué pasos y qué secciones de "Un estudio más a fondo" quiere utilizar en su sesión o sesiones, si es que quiere usar alguna. NOTA: Estas secciones no son necesariamente consecutivas y pueden utilizarse de manera independiente (por ejemplo, tal vez usted quiera usar Un estudio más a fondo III, pero no Un estudio más a fondo I, ni Un estudio más a fondo II).

Plan de la lección

UNIDAD UNO: Repaso del video

1. Comentarios introductorios

Esta lección explora la angustia que Jesús enfrentó al estar dispuesto a ir a la cruz porque nos amaba. Pasó su última semana centrado en las necesidades y en las preocupaciones de los demás, incluso cuando unos cuantos líderes tramaron su muerte. Pasó su última cena alentando a sus amigos más íntimos, y enseñándoles acerca de la importancia de darse a los demás. El cántico que cantó es un mensaje de confianza en Dios y de victoria segura para aquellos que siguen sus caminos.

Después de la cena, Jesús fue al lugar donde su traidor estaba seguro de que lo encontraría. Allí, enfrentó directamente la realidad de lo que estaba por hacer. Arrodillado en el huerto, expresó abiertamente ante su Padre sus temores, su desesperación, su angustia. Pero al final, Jesús se entregó completamente a Dios. La agonía de aquellas pocas horas deben desgarrarnos el alma al descubrir, en la imagen de un getsemaní, que debido a nosotros, a nuestro pecado, Jesús enfrentó los horrores del infierno e incluso el rechazo de Dios. Verdaderamente podemos ver a Jesús, el Salvador compasivo, cuando vemos su reacción ante el peso del mundo sobre sus hombros.

2. Muestre el video: El peso del mundo

3. Estudio de mapas: Capernaum y Jerusalén

PAUTA: *Comience este estudio de mapas repasando la geografía de la región en general, hasta llegar a la zona de la que trata esta lección que es Capernaum y Jerusalén. Utilizando la ilustración titulada "El mundo romano", fíjese en los siguientes lugares, y ubíquelos en su mapa.*

- Roma
- el Mar Mediterráneo
- Judea
- Jerusalén

Utilizando la ilustración "La tierra en tiempos del ministerio de Jesús", fíjese en los siguientes lugares, y ubíquelos en su mapa.

- Jerusalén
- Capernaum (lugar donde había un getsemaní)
- el Mar de Galilea

Utilizando la ilustración "Topografía de Jerusalén", fíjese en los siguientes lugares, y ubíquelos en su mapa:

- el Monte de los Olivos
- el Valle de Cedrón
- Getsemaní (tradicional)
- el monte del templo
- la colina oeste

Utilizando la ilustración "Los distritos de Jerusalén", fíjese en los siguientes lugares, y ubíquelos en su diagrama.

- la ciudad alta
- el Monte de los Olivos

4. Discusión dirigida: De camino a la prensa de aceitunas

a. Lea Mateo 26:30. Los eruditos bíblicos creen que el himno que Jesús y sus discípulos cantaron era el Jalel, el himno que normalmente se cantaba en la Pascua, compuesto de líneas de los Salmos 113-118 y 136.

Lea los siguientes versículos y recuérdeles a los estudiantes que Jesús los cantó antes de ser arrestado.

- Salmo 115:1
- Salmo 116:1-2
- Salmo 118:5-7
- Salmo 118:22-24

Conteste las siguientes preguntas:

1. ¿Qué cree usted que significaban estas palabras para Jesús en esa ocasión?

2. ¿De qué manera puede el uso de Jesús de estas palabras ayudarle a usted a entender cómo prepararse para manejar un gran sufrimiento o dolor?

b. Lea Juan 18:1 y Mateo 26:36. Note que Juan mencionó un huerto, y que Mateo llamó al lugar Getsemaní. Estos dos lugares son el mismo: Un getsemaní era una prensa de aceitunas, que usualmente se encuentra en un huerto o cerca de uno.

Conteste las siguientes preguntas:

1. ¿Por qué fue Jesús a Getsemaní? (Vea Lucas 21:37; 22:39.)

2. ¿Cómo supo Judas dónde encontrar a Jesús?

c. Busque la ilustración "La prensa de aceitunas", y explique la siguiente información acerca de Getsemaní.

- la palabra getsemaní viene de la palabra hebrea *gat-shemanim*, que significa "prensa de aceitunas". Aparentemente, había una prensa de aceitunas cerca del huerto adonde fue Jesús.
- Luego de ser cosechadas, las aceitunas eran colocadas en un gran tazón para ser prensadas.
- Al dar vuelta a la piedra de molino, ésta rodaba sobre las aceitunas, prensándolas hasta hacerlas pulpa.
- La pulpa era recogida en cestas y colocada bajo una pesada piedra en un hoyo. Una viga horizontal, incrustada en un extremo a un agujero en la pared, era colocada encima del peso, y algunas otras piedras de considerable peso eran colocadas en la viga, poniendo una enorme presión sobre la pulpa.
- Bajo esta gran presión, el aceite de las aceitunas fluía de las canastas hacia un hoyo debajo.
- Los grandes pesos y la viga usados para prensar el aceite son el getsemaní.

d. Lea los siguientes pasajes y conteste las preguntas, para entender mejor la presión que Jesús experimentó en Getsemaní.

- Mateo 26:37-38; Lucas 22:44. ¿Cuál era el estado de ánimo de Jesús esa noche? ¿Por qué?
- Mateo 26:39, 42, 44. ¿Qué oró Jesús? ¿Qué estaba pidiendo?
- Mateo 26:40-44. ¿Por qué había un contraste tan grande entre el modo de pensar de Jesús y el de los discípulos?
- Lucas 22:44. ¿Por qué le pasó esto a Jesús? ¿Cuál fue el "peso" sobre Él que le causó tal agonía?

Explique que la imagen del getsemaní provee un cuadro del sufrimiento de Jesús la noche anterior a su crucifixión. Lo que Jesús tenía que enfrentar, el rechazo, el sufrimiento y, finalmente, la muerte en una cruz para pagar por el pecado de la humanidad, ejerció sobre Él una presión similar a la que ejerce una pesada piedra de molino. Jesús, bajo tanta presión, fue prensado como las aceitunas en sus cestas. Su sudor, "como grandes gotas de sangre que caían hasta la tierra", fluyó de Él como el aceite de oliva, un precioso don de Dios.

¿Cuál es su reacción ante el hecho de que el peso sobre Jesús era la presión de llevar nuestro pecado y su castigo? Conteste las siguientes preguntas.

1. ¿Quién era responsable del sufrimiento de Jesús? ¿Cómo nos ayuda esto a relacionarnos con Dios?
2. ¿De qué manera debe afectarnos la noche de agonía de Jesús? ¿Qué podemos aprender de su angustia?
3. ¿Qué nos puede enseñar la respuesta de Jesús a la presión que estaba soportando acerca de cómo debemos responder a las necesidades de los demás? ¿A las obligaciones que Dios pone sobre nosotros?

e. Algunos pensamientos finales: ¿Qué habría pasado si Jesús hubiese escogido desaparecer en medio de la noche en vez de enfrentar su inminente arresto? Jesús quiere que amemos de la misma manera que Él ama. Piense en lo que esto significa en cuanto a la actitud que usted tiene hacia aquellos que Dios ha puesto en su camino.

f. Conclusión: Dedique un tiempo a orar en silencio. Pídale a Dios que le ayude a comenzar a apreciar la profundidad del amor que Jesús tiene por usted. Pídale que le ayude a darse cuenta de que Él estaba en agonía debido al pecado de usted. Ore pidiendo que Dios le ayude a resistir el pecado debido a que usted valora el precio que Jesús pagó. Pida la seguridad de que la sangre de Cristo ha pagado totalmente el precio de su pecado. Admita que necesita que Jesús le dé la suficiente compasión para enfrentar el sufrimiento y la tensión, a fin de amar a los demás y de actuar de acuerdo con lo que es mejor para ellos. Pida la fortaleza y la sabiduría que necesita para seguir el modelo de Jesús al enfrentar la tensión del dolor y de la agonía en su propia vida, volviéndose honestamente a Dios en completa devoción a su voluntad.

UNIDAD DOS

"Un lugar llamado Getsemaní"

1. Comentarios introductorios

Este estudio es inusual porque involucra una lección de fe que se basa en dos lugares muy diferentes. Uno de los escenarios es el lugar llamado Getsemaní, ubicado en la ladera del Monte de los Olivos, al este de Jerusalén. Descubriremos que la razón para el nombre de este lugar ya no se encuentra allí. Sin embargo, hay un ejemplo perfecto de un getsemaní en la ciudad que Jesús llamaba su hogar: Galilea. Así que en esta unidad, nos trasladaremos del escenario cerca de Jerusalén, a Galilea, para descubrir una poderosa metáfora que provee un cuadro de la oración agonizante en Getsemaní.

2. Muestre el video: El peso del mundo

3. Estudio de mapas: Capernaum y Jerusalén

PAUTA: *Comience este estudio de mapas repasando la geografía de la región en general, hasta llegar a las ciudades de las que trata esta lección que son Capernaum y Jerusalén. Utilizando la ilustración titulada "El mundo romano", fíjese en los siguientes lugares, y ubíquelos en su mapa.*

Roma
el Mar Mediterráneo
Egipto
Judea
Cesarea

Utilizando la ilustración "La tierra en tiempos del ministerio de Jesús", fíjese en los siguientes lugares, y ubíquelos en su mapa.

Lección 24

    Belén
    Jerusalén
    Nazaret
    Capernaum (lugar de un getsemaní)
    Galilea
    el Mar de Galilea
    Jerusalén

Utilizando la ilustración "Topografía de Jerusalén", fíjese en los siguientes lugares, y ubíquelos en su mapa.

    el Monte de los Olivos
    el Valle de Cedrón
    Getsemaní (tradicional)
    el monte del templo
    la colina oeste

Utilizando la ilustración "Los distritos de Jerusalén", fíjese en los siguientes lugares, y ubíquelos en su diagrama.

    la ciudad alta
    el monte del templo
    la fortaleza Antonia
    el palacio de Herodes
    el Gólgota (tradicional)
    el huerto del sepulcro
    el Monte de los Olivos

4. OPCIONAL — Discusión dirigida: Capernaum, el hogar adoptivo de Jesús

Durante el ministerio de Jesús, su base central estaba en la ciudad galilea de Capernaum. Este tema fue tratado ampliamente en la Discusión dirigida 5, Lección 14. Capernaum es uno de los escenarios para esta lección porque aquí se encuentra un getsemaní, y no en el huerto tradicional de Getsemaní en Jerusalén. Si desea estudiar más acerca del ministerio de Jesús en Capernaum, podría considerar la siguiente información:

  a. Jesús y la piedra de molino: Mateo 18:1-6. (Tome nota de Mateo 17:24, donde Mateo indica el lugar donde ocurrió este hecho.)

  Conteste las siguientes preguntas:

    1. ¿Cómo respondía Jesús cuando era interrumpido? ¿Cómo responde usted ante las interrupciones?

    2. ¿Qué quiso decir Jesús cuando describió el destino de aquellos que hacían tropezar a los "pequeños"? (NOTA: Algunos eruditos bíblicos creen que los "pequeños" son niños, y que también puede referirse a las personas carentes de importancia para otros.)

    3. ¿Qué "pequeños" están bajo su dirección o influencia, de manera directa o indirecta? ¿Cuál es su responsabilidad para con estas personas?

    4. ¿Por qué usaría Jesús la analogía de la piedra de molino y del mar aquí? (Tome nota de la ubicación.)

    5. Lea Marcos 9:33-42. ¿Qué añadió Marcos a la historia? ¿Por qué es tan importante para los cristianos siempre obrar como lo haría Jesús?

  b. Los siguientes pasajes describen eventos en la vida de Jesús que tuvieron lugar en Capernaum. Repáselos para ver la importancia trascendental de este lugar en su ministerio.

- Mateo 4:13-16; 8:5-17; 9:1-34; 17:24-27
- Marcos 1:16
- Lucas 7:1-6; 17:2
- Juan 4:46-54; 6

PAUTA: *La ilustración 96 ("Vista aérea de Capernaum") en el Volumen 6 también puede usarse aquí.*

5. Discusión dirigida: La última semana

Es imposible para nosotros estudiar en detalle todos los eventos de los últimos días de ministerio de Jesús, pero un repaso de los principales hechos de esos días nos puede ayudar a entender cuán claramente estaba Jesús enfocado en su cercana muerte. No todos los eruditos bíblicos están de acuerdo en cuanto a los días específicos en que ocurrieron estos eventos, pero por lo general se acepta el bosquejo a continuación. Lea cada pasaje a continuación, y reflexione en las preguntas que siguen. Si quiere mayores detalles en cuanto a un lugar, diríjase a la lección y a la unidad de estudio que se menciona para ese lugar.

a. Domingo: La entrada triunfal
- Lucas 19:29-44

1. ¿Por qué había multitudes tan grandes en Jerusalén en ese momento?
2. ¿Qué es lo que los entusiasmaba en cuanto a Jesús?
3. ¿Por qué Jesús respondió de esa manera ante las multitudes?
4. Si usted no hubiera sabido cómo iba a terminar la vida de Jesús, ¿habría predicho que Él sería crucificado, basándose en los eventos de ese día?

Para un estudio más profundo: Vea la Lección 22, Unidad Dos, Paso Uno, "El Monte de los Olivos"; y la Lección 23, Unidad Dos, Paso Dos, Discusión dirigida 4 ("El día del cordero"), así como también el video para esa lección.

b. Lunes: Purificación del templo
- Marcos 11:12-19

1. ¿A quién confrontaba Jesús con la mayor dureza al desafiar a los mercaderes del templo? (Vea el versículo 18; también Juan 11:45-53.)
2. ¿Qué enfureció tanto a Jesús?
3. ¿Por qué este incidente enfureció lo suficiente a las personas para que tramaran matar a Jesús?

Para un estudio más profundo: Vea la Lección 22, Unidad Dos, Paso Dos, "El patio de los gentiles", y "El pórtico real".

c. Martes y miércoles: Las confrontaciones en el templo; La ofrenda de la viuda. (Estos eventos tuvieron lugar ya sea el martes o el miércoles.)
- Mateo 21:23-27; 45-46; Lucas 21:5-24, 37; Mateo 26:1-5, 14-16

1. ¿Dónde enseñó Jesús durante su última semana? ¿Por qué iba allí?
2. ¿Cuál era el tema de su enseñanza? ¿Cómo respondió la gente a lo que Él decía?
3. ¿Por qué algunos respondieron negativamente a Jesús?
4. ¿Por qué cree usted que el mensaje de Jesús siempre produjo reacciones tan fuertes? ¿Sigue siendo esto verdad? Explique.

- Lucas 21:1-4; Marcos 12:41-44

1. ¿Dónde estaba Jesús cuando observó a la viuda? ¿Cuál es la importancia de este lugar?
2. ¿De qué manera se mostró la lección de Jesús en la propia vida del Señor?
3. ¿Cómo podría usted practicar lo que Él enseñó?

Para un estudio más profundo: Vea la Lección 22, Unidad Dos, Paso Dos, "El patio de las mujeres".

d. Jueves: La Pascua

NOTA: La última cena de Jesús es un tema que va más allá del alcance de este estudio. Si desea tratar este tema con mayor profundidad, vea los materiales de recursos mencionados en la "Introducción".

- Lucas 22:7-30; Juan 13:1-17

Lección 24

1. ¿Qué es lo que más lo afecta acerca de la Pascua que Jesús celebró con sus discípulos?
2. Sabiendo que al día siguiente Jesús sería crucificado por el pecado del mundo, ¿por qué cree usted que el lavado de los pies era algo tan significativo?
3. De manera típica, la historia del cordero de la Pascua en Egipto se vuelve a relatar en la cena de la Pascua, y aunque la Biblia no lo menciona, probablemente Jesús y sus discípulos siguieron con la tradición. Lea Juan 1:29; 1 Corintios 5:7. ¿Por qué el relato de la historia del cordero de la Pascua habría sido especialmente significativo para Jesús?

Para un estudio más a profundo: Vea la Lección 22, Unidad Dos, Paso Dos, "La ciudad alta".

OPCIONAL: Un estudio más a fondo I: Cantaron un himno

Lea en voz alta Mateo 26:30. Los eruditos bíblicos tienen la certeza de que la cena de la Pascua terminaba con la recitación de los Salmos 113-118 y 136 (al menos partes de éstos), una colección llamada el Jalel ("alabanza").

Ahora lea en voz alta los siguientes versículos. Reflexione en lo que significa para usted imaginar a Jesús diciendo esas palabras, sabiendo que pronto enfrentaría el Getsemaní, el arresto, la tortura y la ejecución.

- Salmo 115:1
- Salmo 116:1-2
- Salmo 116:3-4
- Salmo 116:12-14
- Salmo 118:1
- Salmo 118:5-7
- Salmo 118:13-14
- Salmo 118:22-24 (¿A qué día específico se refería este pasaje? Respuesta: Al día en que la Roca, Jesús, se convertía en la piedra angular.)

---

6. Discusión dirigida: Un lugar llamado Getsemaní

Pocos cristianos que llegan de visita a Jerusalén se pierden la oportunidad de ir al huerto tradicional de Getsemaní, al este de la ciudad. Sus antiguos olivos y su ubicación, debajo del muro de la ciudad, ayuda a la gente a reflexionar en la agonía que Jesús enfrentó cuando oró antes de ser arrestado. NOTA: Muchos se sorprenderían al descubrir que la Biblia no menciona ningún huerto de Getsemaní. Getsemaní fue mencionado por dos autores que describieron este evento, uno refiriéndose al Monte de los Olivos, y el otro a "un huerto". Ambas descripciones son correctas, y el entender su relación nos puede ayudar a apreciar la intensidad de la oración de Jesús.

Antes de comenzar este estudio, usted debe leer uno o más de los relatos de la oración de Jesús en Getsemaní. Estos relatos se encuentran en Mateo 26:36-56; Marcos 14:32-51; Lucas 22:39-53; y Juan 18:1-11.

a. El lugar

Utilizando las ilustraciones "Topografía de Jerusalén" y "Los distritos de Jerusalén", fíjese en los siguientes lugares, y ubíquelos en su mapa/diagrama.

      la ciudad alta
      el Valle de Cedrón
      el Monte de los Olivos
      el huerto de Getsemaní (tradicional)
      La distancia que Jesús caminó hasta Getsemaní (NOTA: Nadie sabe la ruta que Jesús tomó hacia Getsemaní. Probablemente caminó desde la ciudad alta, cruzó el Cedrón, y entró a un huerto en el Monte de los Olivos.)

Lea los siguientes pasajes y conteste las preguntas:

- Lucas 21:37; 22:39

1. ¿Por qué cree usted que Jesús se quedó en ese lugar durante la semana previa a su muerte? ¿Qué tiene que ver este lugar con Getsemaní? ¿Con el hecho de que Judas sabía cómo encontrar a Jesús y a sus discípulos? (Vea Juan 18:2.) NOTA: Es probable que más de un millón de peregrinos viajaran a Jerusalén para algunas de las fiestas. Todo lugar disponible en kilómetros a la redonda habría sido prestado o alquilado a los viajeros para las fiestas de una semana de duración. Es probable que Jesús y sus discípulos se hubiesen quedado en un lugar llamado Getsemaní en el Monte de los Olivos durante esa semana.

2. Vuelva a leer Lucas 22:39. ¿Qué nos dice este versículo acerca del lugar adonde Jesús fue después de la cena de la Pascua?

- Juan 18:1

1. ¿Qué le dice a usted este pasaje acerca del lugar adonde Jesús fue después de la última cena? (NOTA: La palabra traducida como "huerto" significa "parcela de tierra cultivada". Dados los huertos de olivos que cubren el monte de ese nombre, y la presencia de un getsemaní, es muy probable que esta palabra se refiriera a un huerto de aceitunas.

- Mateo 26:36; Marcos 14:32

1. ¿Qué información adicional se da en estos pasajes acerca del lugar adonde Jesús fue a orar? NOTA: El jardín, o huerto en sí, nunca es llamado Getsemaní. Puesto que los getsemaníes se encontraban cerca de los huertos de olivos, es probable que hubiera un getsemaní (Juan 18:1) en ese huerto o cerca de él. Aparentemente, el huerto estaba cercado, ya que Jesús y sus discípulos "entraron en él".

2. ¿Por qué cree usted que Jesús fue a este lugar esa noche? ¿Hay algo en la historia que indique alguna razón?

b. *La prensa de aceitunas*

Lea la hoja de trabajo "Una luz para el mundo" antes de comenzar esta sección.

La palabra getsemaní es la transliteración castellana de una palabra griega. La palabra griega viene de dos palabras hebreas (o arameas). *Gat* o *Gath* que significa "un lugar para prensar aceite (o vino)". *Shemanin* significa "aceites", probablemente refiriéndose a diferentes calidades de aceite. Por lo tanto, un getsemaní era una prensa de aceitunas (o de aceite). Aparentemente, la prensa cerca del huerto donde Jesús fue era lo suficientemente grande como para que la zona fuera conocida como "Getsemaní".

Con frecuencia, las prensas de aceite en Israel se encontraban en cuevas. Es probable que el getsemaní visitado por Jesús también se encontrara en una cueva. Esto ayudaría a explicar por qué Jesús se quedó allí durante las noches frías de la estación de la Pascua. También explicaría por qué un discípulo sólo usaba una prenda interior de lino en el momento del arresto de Jesús (Marcos 14:51-52).[1]

Busque la ilustración "La prensa de aceitunas", al tomar nota del proceso de producción de aceitunas:

1. Las aceitunas eran cosechadas en octubre y a comienzos de noviembre. Eran recogidas cuando se habían ennegrecido.

2. Las aceitunas separadas para el aceite eran colocadas en un tazón de prensar, en el que una gran piedra de molino rodaba en círculo, prensando las aceitunas, con hueso, hasta hacerlas pulpa.

3. La pulpa era colocada en cestas tejidas (de tejido grueso), que eran amontonadas una encima de la otra, sobre un hoyo (o dentro de éste) en el suelo (generalmente de roca sólida, una de las razones por las que se usaban cuevas).

4. Se utilizaban pesos de piedra para prensar la pulpa. En algunos casos, se colocaba un gran pilar de piedra sobre las cestas, para exprimir la pulpa. Se utilizaba un palo largo a través de la viga, colocado en la abertura de una pared cercana, para colocar el pilar sobre las aceitunas. En otras prensas, la viga era colocada a través de una piedra más pequeña que se ponía sobre las aceitunas, y desde la viga se suspendían grandes piedras, poniendo más peso aun sobre las cestas.

5. Poco a poco, el aceite fluía de las cestas hacia un hoyo o tina abajo. La primera prensa producía el mejor aceite. Cualquiera que haya visto los chorros de aceite dorado fluyendo de las cestas en

las muchas prensas utilizadas por los árabes de las montañas, y por los palestinos de hoy, puede entender por qué se las consideraba un símbolo de la fertilidad. El aroma rico y acre satura el aire en kilómetros a la redonda.

6. Jesús fue a una prensa de aceite como la que aquí se muestra ahora, para orar con sus discípulos. Esa prensa estaba en un huerto de olivos, o cerca de uno. La prensa estaría sin utilizarse durante la Pascua, porque era la estación de la primavera.

OPCIONAL: Un estudio más a fondo II: Getsemaní

Israel siempre ha sido un país agrícola. Los pastores llevaban sus rebaños a pastar a las zonas desérticas, y a lo largo de los límites de la tierra cultivable. Los agricultores oraban por las lluvias necesarias para cultivar una variedad de cosechas en el interior del país y a lo largo de la llanura costera. No había cultivo más importante que los olivos que crecían casi en todas las áreas del país donde hubiera lluvia. No es por casualidad que el olivo, su fruto, y el aceite de oliva fueran utilizados con tanta frecuencia para representar a Dios, a su bendición, a su pueblo, e incluso a su Mesías. La prensa de olivo que producía el aceite era tan común para las personas del tiempo de Jesús como el centro comercial lo es para nosotros. Estas ilustraciones nos ayudarán a imaginar la industria del cultivo de aceitunas tan familiar para los israelitas.

Ilustración 144. Jerusalén desde el huerto tradicional de Getsemaní. En realidad, la Biblia no relaciona el lugar de Getsemaní con un huerto. Se le llama Getsemaní (Mateo 26:36) y se le llama un huerto (en algunas versiones, un jardín). Ambos nombres son correctos. Getsemaní (que significa "prensa de aceite(s)") debió haberse ubicado en un huerto de olivos o cerca de uno, al cual se hace referencia como "un huerto". Aparentemente, Jesús fue a una prensa de aceitunas ubicada cerca de un huerto.

Esta fotografía fue tomada en la zona tradicionalmente llamada el huerto de Getsemaní. Se encuentra en la ladera oeste del Monte de los Olivos (Lucas 22:39), cerca de la ciudad de Jerusalén (Juan 18:1-3), y al extremo del Valle de Cedrón (Juan 18:1). Sólo la tradición (que data de los siglos XII y XIII) sostiene que éste es el lugar específico, pero debido a que cuadra con la descripción bíblica, ayuda a las personas a tener un cuadro más claro de la apariencia del lugar donde Jesús pasó su última noche antes de ser crucificado. No se ha encontrado ningún resto de algún getsemaní en los terrenos de este huerto.

Los olivos a ambos lados del camino son antiguos. Algunos han sugerido que las raíces incluso se remontan al tiempo de Jesús, y que probablemente los árboles tienen más de mil años de antigüedad. Las flores son una añadidura moderna. Más allá del muro de piedra se encuentra el fondo del Valle de Cedrón, y al final del valle, se ve la ladera de la colina sobre la cual se levanta Jerusalén, también cubierta de olivos. El muro de Jerusalén (construido en el siglo XV) todavía mantiene una apariencia antigua y, de hecho, sigue la línea del muro del tiempo de Jesús. Más allá del muro se encuentra el monte del templo. El templo se levantaba donde ahora está la cúpula de oro (la Cúpula de la Roca, un santuario árabe), a la izquierda. El oro sobre esta cúpula nos puede ayudar a imaginarnos el decorado de oro del templo. La puerta se llama ahora la Puerta de Oro. Era la principal entrada oriental al monte del templo cuando el templo existía. Es probable que los guardas enviados por las autoridades del templo hubieran salido por esta puerta para arrestar a Jesús. Si bien no se sabe con exactitud dónde estaba Getsemaní, debió haber estado cerca. Jesús pudo haber visto la turba que venía por Él debido a la proximidad de Getsemaní a la ciudad y al templo. Los guardas llevaban antorchas en la noche oscura (Juan 18:3-4).

Recientemente se ha identificado una cueva cercana que contenía una antigua prensa de aceitunas. La tradición temprana (siglo VI) sostiene que esta cueva es el Getsemaní de Jesús. Su ubicación cerca de Jerusalén, cerca de los huertos de olivos, cerca del Cedrón, y en una cueva donde los peregrinos a Jerusalén podrían pernoctar (Lucas 22:39; Mateo 26:30, 36), hacen que sea una posibilidad. Por supuesto, sin importar si éste es en realidad el lugar donde Jesús fue a orar, su ubicación y apariencia en una gran cueva nos puede ayudar a imaginar a Jesús soportando su noche de agonía. **PAUTA:** Si cuenta con los planes de estudios anteriores, tal vez desee ver las ilustraciones 8 ("La puerta oriental de Jerusalén") y 45 ("El monte del templo en Jerusalén"), junto con sus respectivas descripciones.

Ilustración 145. Prensas de aceitunas. En el primer siglo existían varios tipos diferentes de prensas de aceitunas. Estas fotografías muestran los dos tipos más comunes, aunque todas las prensas seguían la misma secuencia (tal como lo hacen hoy en día), y las mismas funciones.

Parte superior izquierda: **Un prensador de aceitunas.** Esta instalación de aceitunas se encuentra en la ciudad moderna de Maresa, al sur de Judea. Su apariencia y ubicación en una cueva son típicas de las prensas antiguas. Por lo general, las instalaciones de aceite se colocaban en cuevas porque las temperaturas más moderadas mejoraban la eficiencia de la producción de aceitunas. Es probable que el getsemaní que Jesús visitó la noche antes de su arresto se encontrara en una cueva cerca de un huerto de olivos.

Las aceitunas maduras (negras) se colocaban en un tazón grande y redondo (llamado *yam*, o "mar"). Un asno, con los ojos vendados para evitar que se mareara, caminaba alrededor del tazón, empujando la viga horizontal y rodando la piedra (llamada *memel*, o piedra de molino) sobre el fruto maduro, prensándolo hasta hacerlo pulpa. Tal vez se hayan usado las cuevas más pequeñas más allá del prensador para almacenar el aceite de oliva en jarrones de arcilla, manteniéndolo fresco para que no se echara a perder.

Parte superior derecha: **Un prensador de basalto.** El prensador en esta fotografía funcionaba igual que el de la izquierda, aunque faltan el poste vertical y la viga horizontal. Este prensador se encuentra en Capernaum, el lugar de residencia de Jesús (Mateo 4:13), cerca de la sinagoga. El basalto local, una roca volcánica de color negro, hacía excelentes prensadores y otros tipos de molinillos. Con frecuencia, Jesús vio prensadores y piedras de molino como ésta. Se han encontrado molinillos de basalto entre los restos arqueológicos en todo el país. Probablemente se exportaron desde el área del Mar de Galilea. La enseñanza de Jesús acerca de ser una influencia apropiada sobre los "pequeños", o de enfrentar un destino peor al de ser echado en el mar (el Mar de Galilea se encuentra apenas a 30 metros hacia la izquierda), tuvo lugar cerca de aquí (Mateo 18:6).

Parte inferior izquierda. **Un getsemaní.** Esta prensa de aceitunas se encuentra en la misma cueva que el prensador de arriba. La pulpa de las aceitunas prensadas era colocada en cestas (como de diez centímetros de ancho y 60 centímetros de diámetro), que luego eran amontonadas unas encima de las otras. Estas cestas apenas si se ven a la distancia debajo de la viga de madera, a través de la ranura en la prensa. Se colocaba una pesada losa de piedra sobre la cesta que estaba encima de todas (que no se ve en esta fotografía). La viga, con un extremo dentro de una abertura en la pared sobre la prensa, era colocada sobre la piedra encima de las cestas de aceitunas. Se suspendían grandes pesos (que se ven en primer plano) con sogas desde el extremo de la viga, que hacían una enorme presión sobre la pulpa de las aceitunas. Tal vez estos pesos fueran levantados por una viga más corta que se colocaba en el agujero de la pared de arriba, a la izquierda. Con el tiempo, la presión exprimía el jugo de la pulpa. El jugo fluía de las cestas a un hoyo abajo, donde se separaba en agua y aceite. El agua era escurrida, y el aceite se recogía y se colocaba en jarras de arcilla. Estas jarras a menudo se almacenaban en una zona fresca dentro de la cueva cerca de la prensa.

El aceite de oliva tenía gran importancia religiosa para los israelitas, tanto porque se relacionaba con la fertilidad de la tierra (Deuteronomio 8:6-9), como porque se utilizaba para "ungir" (Génesis 28:18). El pequeño nicho (abertura) a la derecha de la prensa pudo haber tenido a un ídolo al cual la prensa y el aceite eran dedicados. El pueblo de Dios traía aceitunas al templo en Shavuot (Pentecostés) para indicar su reconocimiento de que Yavé, y no los dioses paganos, era quien proveía el don de la fertilidad.

El aceite de oliva puede también tener gran importancia religiosa para nosotros como cristianos. Una persona que era ungida era un *mashiaj* ("mesías" en castellano). Este papel fue finalmente cumplido por Jesús, el Ungido de Dios. Esta imagen relaciona a Jesús con el olivo y con su rico fruto.

Parte inferior derecha: **Un getsemaní en Capernaum.** Esta prensa, un poco distinta a la de la izquierda, es parte de la misma instalación que el prensador de arriba. Se encontraba en un edificio, no en una cueva. La pulpa del prensador se colocaba en cestas, las cuales a su vez eran colocadas sobre la base de piedra debajo del gran pilar de caliza. Note la ranura alrededor en la parte de afuera, que llevaba el aceite hacia el hoyo a la izquierda. Aparentemente, el enorme pilar era levantado con una viga como la de la prensa de la izquierda, y colocado sobre las aceitunas, exprimiendo el aceite del fruto. Esta instalación también les era familiar a Jesús y a sus discípulos en Galilea, donde vivían.

La visita de Jesús a Getsemaní la noche antes de su ejecución puede simbolizarse por medio de prensas de aceitunas como éstas. El gran peso de su inminente crucifixión para pagar por el pecado del mundo, el abandono que sufrió por parte de sus amigos (que se quedaron dormidos), y el conocimiento de que finalmente sería rechazado por Dios, su Padre, lo abrumó. Allí, en Getsemaní, esta carga, que Él estaba dispuesto a soportar, exprimió de Él "sudor como grandes gotas de sangre que caían hasta la tierra" (Lucas 22:44). La carga, simbolizada por la viga de la prensa de aceitunas, era la muerte expiatoria que era necesaria por nuestro pecado. Nosotros éramos la carga que Él soportó, y la sangre que fluyó de Él era su "ungimiento" por nosotros (2 Corintios 1:21).

Ilustración 146. Cultivo de olivos. *Parte superior izquierda.* Un huerto de olivos. Rara vez los olivos alcanzan los 6 metros de alto. Este antiguo árbol, con su tronco retorcido, sigue siendo muy productivo después de 100 o más años de dar aceitunas. El sistema de raíces de los olivos se expande hacia lo ancho para obtener la humedad necesaria en el clima relativamente seco de Israel. Debido a esto, los árboles en huertos como éste en Galilea están muy lejos uno de otro.

El olivo es conocido por su belleza (Oseas 14:6), en parte debido a que su antiguo tronco a menudo tiene el aspecto de un pasado productivo. Sus hojas son de color verde claro en la cima, y de un verde mucho más claro en la parte inferior, así que brillan en el viento.

Cuando los olivos tienen muchos años (a menudo cientos de años de edad), las ramas son podadas. Pronto, nuevos retoños crecen del tronco, y el árbol vuelve a producir aceitunas. Las raíces y el tronco pueden sobrevivir por siglos. Este árbol da una imagen de la profecía de Isaías: "Saldrá una vara del tronco de Isaí, y un vástago retoñará de sus raíces" (Isaías 11:1). Jesús era la vara del tronco de Isaí (el padre de David).

El viejo árbol que aquí se muestra ayuda a ilustrar el plan de salvación de Dios. En Romanos 11:11-24, Pablo describió a los cristianos ya sea como ramas naturales (los de origen judío), o como ramas que han sido injertadas a Jesús (los gentiles). Como ramas en este árbol, nuestro fruto es fruto de Jesús. Llevaremos fruto si estamos unidos a Él.

Parte superior derecha: **Aceitunas madurando.** Los árboles florecen en la primavera, y las aceitunas aparecen durante el verano y maduran en el otoño. Los agricultores de aceitunas cosechan tanto aceitunas verdes (no maduras), para encurtidos y para comer, y aceitunas negras (maduras) para comer y para aceite. Un buen árbol puede producir 25 kilogramos de aceitunas al año, y entre dos y tres litros de aceite. Las aceitunas de Israel eran (y son) conocidas por su alto contenido de aceite.

Parte inferior izquierda. **Aceitunas.** Este tazón contiene aceitunas tanto maduras como verdes. Las aceitunas verdes, encurtidas o saladas, son parte importante de la dieta diaria. Las aceitunas negras pueden ser saladas o encurtidas para comer; o lo más probable, pueden ser aplastadas y prensadas para obtener aceite.

Parte inferior derecha: **Aceite de oliva.** El aceite de oliva era parte importante en la vida diaria de los israelitas en el primer siglo. Se consumía en otros alimentos o como acompañamiento de ellos (1 Reyes 17:12), se utilizaba en el cuidado de la piel (Eclesiastés 9:7-8), como combustible para las lámparas, se tomaba como medicina, y se utilizaba ampliamente en el comercio (1 Reyes 5:11). Es posible que también se haya usado como lubricante, para mantener el cuero suave (Isaías 21:5), y para proteger a las personas del sol. Era una de las tres bendiciones de Dios en la tierra (Deuteronomio 6:11). Se mezclaba con las ofrendas quemadas de la mañana (Éxodo 29:40). Simbolizaba el honor (Jueces 9:9), el gozo (Salmo 45:7, aplicado a Jesús en Hebreos 1:9), el favor (Deuteronomio 33:24), y el amor (Cantar de los cantares 1:3). También era un símbolo del Espíritu de Dios (Santiago 5:14).

> # OPCIONAL: Un estudio más a fondo III:
> ## El "huerto" tradicional de Getsemaní
>
> El huerto tradicional de Getsemaní probablemente se encuentra cerca de la ubicación real del "huerto" (Juan 18:1), y del "Getsemaní" (Marcos 14:32) donde Jesús tuvo su agonía en oración antes de su arresto. En este momento, usted tal vez desee repasar "El monte de los olivos" en la Lección 22, Unidad Dos, Paso Uno, y/o las ilustraciones 128 ("La Jerusalén moderna vista desde el sur") y 129 ("El Monte de los Olivos"), y sus respectivas descripciones, en la Lección 22.

7. Discusión dirigida: Jesús en angustia

La agonía que Jesús enfrentó en Getsemaní antes de su juicio y de su ejecución provee un cuadro profundo del amor de Dios, de la humanidad de Jesús, y del terrible precio a pagarse por el pecado. En esta sección, exploraremos a Jesús en su angustia, particularmente de la manera como puede ser ilustrado por el getsemaní donde Él estaba.

Lea los siguientes pasajes y conteste las preguntas:

a. Mateo 26:37-38; Marcos 14:22-34; Lucas 22:44

   1. ¿Por qué fue Jesús a este lugar en su tiempo de oración?
   2. ¿Cuáles eran las perspectivas de Jesús esa noche? ¿Por qué?
   3. ¿De qué manera le ayuda esto a usted a entender la naturaleza humana? NOTA: Note que si bien las personas con frecuencia experimentan la emoción que Jesús sintió, lo que Él enfrentó sólo podía ser soportado por el Hijo de Dios.
   4. ¿Alguna vez ha usted experimentado tal angustia? ¿Qué hizo ante esa situación?

b. Mateo 26:39, 42, 44; Marcos 14:36; Lucas 22:42

   1. ¿Qué pedía Jesús en su oración?
   2. Compare la palabra copa aquí con Mateo 20:22-23; Marcos 10:38; Salmo 75:8. NOTA: Esta era una expresión judía que significaba "compartir el destino de alguien".
   3. ¿Qué tentaciones cree usted que Jesús enfrentó en ese momento? (Vea Mateo 26:53.)
   4. ¿A quién dirigió Jesús su oración? NOTA: La palabra *abba*, que es la forma aramea, se acerca mucho a la palabra papá en castellano. Los niños judíos se refieren cariñosamente a sus padres como "Abba" hasta el día de hoy.
   5. ¿Qué puede usted aprender de la oración de Jesús?
   6. ¿Qué nos muestra esta oración acerca de la relación de Jesús con Dios? (Vea Romanos 8:15-17.)
   7. ¿Cómo le da esto forma a la comprensión que usted pueda tener del amor de Dios por nosotros?
   8. ¿Qué le enseña esto a usted acerca de cómo orar cuando experimenta angustia y dolor?

c. Mateo 26:40-45; Marcos 14:37-41; Lucas 22:45-46

   1. ¿Por qué el modo de pensar de los discípulos era tan diferente al de Jesús? ¿Por qué actuaron de esa manera?
   2. ¿Qué quería Jesús que los discípulos hicieran? ¿Por qué? ¿De qué manera se relaciona el comportamiento de los discípulos con lo que Jesús estaba por enfrentar? (Vea Isaías 53:3.)
   3. ¿Qué tentaciones estaban enfrentando los discípulos? (Vea Marcos 14:51-52; Mateo 26:56.) ¿Cómo pudieron ellos resistir esta tentación?
   4. ¿Alguna vez ha experimentado usted una pérdida de apoyo de parte de sus amigos en un momento crucial? Si es así, ¿qué sucedió?
   5. ¿De qué manera puede esa experiencia ayudarle a usted a entender los sentimientos de Jesús cuando Él enfrentó su angustia solo?
   6. ¿Qué puede usted aprender del ejemplo de Jesús acerca de resistir la tentación?

d. Lucas 22:44

1. ¿Qué le sucedió a Jesús como resultado de su agonía? ¿Qué hizo que el peso sobre Él fuera tan extraordinario?
2. Note la siguiente información.

- Jesús fue "prensado" por el peso de lo que tendría que enfrentar: El rechazo de sus amigos, el juicio por parte de sus líderes religiosos, la tortura por parte de los gentiles, una ejecución cruel, la muerte y, lo peor de todo, el rechazo de Dios el Padre, mientras sufría las agonías del infierno por aquellos que amaba. Jesús enfrentaría todo esto en las siguientes horas, aun cuando Él era totalmente inocente y aquellos por los que moriría no merecían tal amor. Es imposible para nosotros entender la profundidad de las emociones de Jesús es ese momento, pero el peso de un getsemaní puede proveer alguna comprensión de su sufrimiento.
- Jesús puede ser simbolizado por las aceitunas, la señal de la bendición y del ungimiento de Dios.
- El precioso aceite de la unción producido en el Getsemaní de Jesús fue su sudor, las gotas de sangre que cayeron sobre la tierra. Esta sangre se convierte en nuestra unción, proveyendo perdón, purificación y plenitud (Efesios 1:7; Colosenses 1:20; Hebreos 13:12; 1 Juan 1:7; Apocalipsis 1:5; 19:13).
- ¡Jesús fue prensado en el Getsemaní porque lo ama a usted!

e. Lucas 22:42-43
   1. ¿Cómo sabe usted que Jesús estaba totalmente sometido a Dios el Padre?
   2. ¿Cuál fue la respuesta de Dios?
   3. ¿Cómo puede esto ayudarle a usted a enfrentar los problemas?

Dedique unos momentos a pensar en la importancia de lo que Jesús estuvo dispuesto a enfrentar por usted. Luego conteste las siguientes preguntas:

1. ¿De qué manera le ayuda el Getsemaní a usted a valorar la agonía de Jesús?
2. ¿Cómo puede responder al gran amor de Jesús por usted?
3. ¿Qué ha aprendido usted de este estudio?

OPCIONAL: Un estudio más a fondo IV: Las aceitunas y la Biblia

Lea la hoja de trabajo "Una luz para el mundo" antes de comenzar esta sección.

El huerto de Getsemaní se encontraba en las laderas del Monte de los Olivos, que estaban cubiertas de huertos de olivos en el tiempo de Jesús. Esta ubicación nos brinda una oportunidad para reflexionar en cómo el olivo, su fruto y el aceite que producía se utilizan de manera simbólica en la Biblia, particularmente en relación al Mesías.

Note la siguiente información. Luego conteste las preguntas:
- Israel es como un olivo que Dios plantó (vea Jeremías 11:16).
- Los seguidores de Dios son como los olivos (vea el Salmo 52:8; 128:3).
  1. ¿Qué puede usted aprender acerca de Dios en estos pasajes? ¿Acerca de usted?
  2. ¿Cómo puede usted ser el olivo de Dios hoy? ¿Conoce usted a alguien que viva el simbolismo del olivo? Explique.
- La relación de Dios con su pueblo está representada por el olivo: (1) Los árboles estériles son derribados (vea la descripción en Oseas 14:6 y aplíquela a Jeremías 11:16). El mismo juicio puede caer sobre el pueblo de Dios hoy si no lleva fruto (Mateo 3:10-12; 7:19). (2) El olivo de Dios daría nuevos retoños, y uno saldría del tronco de Isaí (Isaías 11:1-2; Jeremías 23:5; 33:15; Zacarías 3:8; 6:12). (3) Los creyentes son los que naturalmente brotan del olivo de Dios o que están injertados en él, y Jesús es la Rama (Romanos 11:11-24).
  1. ¿Qué puede usted aprender acerca de Dios en este simbolismo?

> 2. ¿Qué puede aprender acerca de usted mismo de la imagen del olivo?
> 3. ¿Cuál es el fruto que Dios desea hoy? ¿Qué sucederá si no llevamos fruto? ¿Conoce usted a alguien que "lleva mucho fruto"? ¿Cuáles son las acciones y el estilo de vida de dicha persona que hacen que esto sea evidente para usted?
>
> - El Espíritu de Dios es simbolizado por el aceite de oliva y por el proceso de la unción.
> - Las personas que tenían el Espíritu de Dios eran ungidas y traían un gran beneficio a los demás (1 Samuel 10:1).
> - Jesús, el Ungido (Mesías), tenía el Espíritu de Dios (Hechos 10:38).
> - Los seguidores de Jesús, como sus ungidos, también tenían el Espíritu de Él (1 Juan 2:20).
> - Las oraciones de los seguidores de Jesús, si eran acompañadas por el Espíritu (el aceite es la señal del Espíritu), traerían sanidad (Santiago 5:14).
>   1. ¿Qué puede usted aprender acerca de Jesús del proceso de la unción?
>   2. ¿Qué puede aprender acerca de sí mismo? ¿Está usted ungido? ¿Qué significa eso para usted?
> - El olivo proveía el aceite para encender lámparas. El olivo es un símbolo tanto de Dios como de su pueblo. Jesús es un retoño de olivo, y nosotros somos ramas de olivo.
> - Dios es luz (1 Juan 1:5).
> - Jesús es la Luz del mundo (Juan 8:12).
> - Los seguidores de Jesús son la luz del mundo (Mateo 5:14).
>   1. ¿De qué manera este simbolismo le ayuda a usted a entender a Dios? ¿A Jesús?
>   2. ¿Cómo puede usted proveer luz donde vive? ¿Se relaciona la luz con el "aceite" de la unción? ¿Cómo?
>   3. ¿Conoce usted a alguien que verdaderamente sea luz donde ha sido puesto por Dios? Comparta su ejemplo con la clase.

8. Discusión dirigida: El arresto de Jesús

Todos los autores de los evangelios describen el arresto de Jesús, pero no dan muchos detalles acerca de las personas que lo arrestaron. Busque los siguientes pasajes y descubra lo que se sabe del arresto de Jesús.

- Mateo 26:31-56
- Marcos 14:43-51
- Juan 18:1-11

1. ¿Qué es importante acerca de las personas que arrestaron a Jesús?
2. ¿Por qué Jesús fue arrestado de noche? ¿Qué le dice esto a usted acerca de la culpabilidad de Jesús?
3. ¿Qué implica esto acerca de muchos de los del pueblo (Mateo 26:3-5; Marcos 11:18, 12:12; Lucas 22:1-2)?
4. ¿Qué hicieron los discípulos de Jesús cuando éste fue arrestado? ¿Por qué?
5. ¿Qué hay en estos pasajes que indica si los discípulos de Jesús entendieron o no la naturaleza del reino de Jesús en ese momento?
6. ¿Por qué Jesús tuvo que enfrentar la muerte y el juicio de Dios completamente solo (Mateo 27:46)?

Conclusión

Jesús enfrentó el rechazo total de sus amigos, de los líderes de su religión e incluso de su Padre, Dios mismo. Al enfrentar esa terrible experiencia, primero fue a encontrar fuerzas en la oración, en sus propias oraciones a Abba, su Padre, y en las oraciones de sus amigos. Sus amigos no pudieron vencer sus propias debilidades y dejaron solo a Jesús mientras Él sufría la agonía de su destino.

A pesar de las emociones que sentía, Jesús se sometió totalmente a la voluntad de su Padre. Él amaba a su pueblo de manera tan profunda que iría solo a la cruz por ellos, porque su Padre dijo que ése era el camino. La conciencia de esta realidad lo llevó a tales profundidades de angustia que su sudor se hizo como sangre. Al igual que el enorme peso de un getsemaní exprime aceite de las aceitunas, la misión de Jesús "prensó" sangre de Él.

Por medio de la sangre de Jesús hemos sido devueltos a nuestro Padre y hemos sido ungidos por Él. Nuestra culpa y el castigo que le correspondía eran muy grandes, pero el amor de Jesús por nosotros, y su devoción a la voluntad de su Padre fueron más grandes aun.

Notas

1. Recientemente se publicó un excelente artículo sobre el descubrimiento de una cueva cerca del lugar tradicional del huerto de Getsemaní en el Monte de los Olivos. Vea *"The Garden of Gethsemane: Not the Place of Jesus' Arrest"*, ("El huerto de Getsemaní: No el lugar del arresto de Jesús"), Joan E. Taylor, *Biblical Archaeology Review* (Repaso de Arqueología Bíblica) (julio/agosto 1995). La autora compara cuidadosamente el material bíblico con los restos arqueológicos y concluye que es probable que Jesús estuviera, si no en ese lugar, en otro similar a él.

Lección 24
Hoja de trabajo No. 1

UNA LUZ PARA EL MUNDO

*Israel fue llamado "un olivo, frondoso y hermoso",
porque alumbraba a todos.*
Antiguo comentario judío sobre Jeremías 11:16

Los olivos y la abundancia de aceite que producen eran importantes en las vidas de las personas de la Biblia. Producto agrícola de primordial importancia, parte importante de la alimentación, y elemento regular de las prácticas religiosas, el olivo naturalmente se convirtió en parte del lenguaje figurado que la Biblia utilizaba para describir la relación entre Dios y su pueblo. El conocimiento del olivo y sus usos puede enriquecer nuestro entendimiento de Dios para que podamos ser una "luz para el mundo", tal como se creía que era el olivo.

LOS OLIVOS

El olivo es una de las plantas que se mencionan con más frecuencia en la Biblia. Dios llamó a la tierra de Israel, "tierra de olivos, de aceite y de miel" (Deuteronomio 8:8). La importancia del olivo fue destacada en la parábola de Jotam, que dice que otros árboles eligieron al olivo para que fuera su rey (Jueces 9:8-9). Tal como la Biblia lo hace notar a menudo, el olivo es hermoso (Jeremías 11:16; Oseas 14:6). Los fieles seguidores de Dios son comparados con olivos vigorosos (Salmo 52:8), y se dice que sus hijos son como los retoños que aparecen en las raíces del árbol, garantizando su supervivencia (Salmo 128:3). Los olivos tienen amplias raíces, que se expanden mucho más allá del radio de sus hojas, para proveer humedad adecuada para ellas. Debido a que sus raíces se expanden tanto, a menudo estos árboles se encuentran solos, lo que acentúa su belleza. Los olivos son gráciles y delgados, de un color verde claro en un lado, y de verde aun más claro en el otro, y brillan bellamente en el viento.

El olivo crece con fuerza en todo Israel. La habilidad de este árbol de crecer en colinas rocosas hace que esté bien adaptado al terreno de Israel, una tierra que tiene aceite en el duro pedernal (Deuteronomio 32:13). El árbol crece excepcionalmente bien en las terrazas cultivadas en las laderas de las colinas de Judea y de Samaria. Muchas de las colinas de la alta y de la baja Galilea están cubiertas de olivos hasta hoy. Crecen especialmente bien en el oeste de Galilea, donde vivía la tribu de Aser.

Los olivos comienzan a producir aceitunas cuando tienen entre seis y diez años de edad, y alcanzan su plenitud entre los 40 y 50 años de edad. Muchos olivos siguen produciendo aceitunas en abundancia incluso cuando tienen cientos de años de antigüedad. Cuando el tronco se hace grande y viejo, las ramas son cortadas, dejando lo que parece ser una cepa muerta. Pero al año siguiente, brotan retoños frescos del tronco viejo, y pronto, ramas nuevas y vigorosas crecen, y nuevamente producen abundancia de aceitunas.

Este fenómeno proveyó parte del rico lenguaje figurado de la Biblia. Job comparó a los seres humanos con el olivo e hizo notar que el olivo no muere al ser cortado, sino que vuelve a la vida, a diferencia de las personas, que mueren y se van (Job 14:7-9). Los hijos del pueblo de Dios son comparados con los muchos retoños pequeños que continuamente brotan de las raíces del árbol, asegurando la continua existencia de la familia fructífera (Salmo 128:3).

Dios usó la metáfora de un olivo (y algunas veces de otros árboles y de parras) para describir su relación con su pueblo. Los plantó como un agricultor plantaría un bello olivo (Jeremías 11:16-17; Salmo 52:8), pero dijo que los cortaría porque el fruto que llevaban era la adoración a

Baal (Jeremías 11:17). (Vea también Mateo 3:10; 7:19; Isaías 5:1-7; la viña era el cuadro para la misma idea.) Luego que Dios permitió que su pueblo fuera "cortado", éste parecía no ser otra cosa que un tronco muerto. Pero Dios y los israelitas fieles lo sabían bien: Nuevos retoños salían de esa cepa.

El retoño del tronco de Isaí fue un retoño especial porque el Espíritu de Dios reposaba sobre Él (Isaías 11:1-2). Ese retoño era Jesús, quien era un ciudadano de Nazaret (palabra que significa "rama"; Mateo 2:21-23). Muchas otras profecías también describían al Mesías como una rama o como un retoño, probablemente usando la imagen del olivo (Jeremías 23:5; 33:15; Zacarías 3:8; 6:12). Jesús es el retoño de un tronco en el huerto de olivos de Israel. Su fruto es la obediencia y el cumplimiento.

Este bello cuadro del pueblo de Dios y del Mesías como un olivo fue completado por Pablo. Él cambió la imagen a la de un agricultor judío que injertaba un retoño de olivo cultivado a las raíces de un árbol silvestre, para aprovechar su capacidad para resistir un clima más agreste. Algunas de las ramas de Israel, el árbol cultivado de Dios, habían sido quitadas. En su lugar, Dios ha injertado las ramas de gentiles creyentes. Esto provee la base para que Pablo les recuerde a los gentiles sus raíces judías, afirmando el continuo amor de Dios y su preocupación por su árbol judío, y advirtiéndoles que puesto que Dios ha eliminado ramas naturales por no llevar fruto, cuán fácil sería para Él eliminar a aquellas que han sido injertadas (Romanos 11:11-24).

El olivo provee una excelente lección para el cristiano que no es judío. Como cristianos, tenemos raíces judías, y Jesús es nuestra Rama judía. Cuando Dios derribó el muro que separaba a judíos y a gentiles, no invitó a los judíos a que se hicieran gentiles; invitó a los gentiles a unirse a los judíos, su pueblo. El olivo puede ser un constante recordatorio de que Jesús es nuestra fuente de vida, Él es nuestra Rama. Él brotó de raíces judías, y nosotros también. El bello olivo nos recuerda el amor de Dios y su esperanza de que todas sus ramas lleven fruto en abundancia.

EL FRUTO DEL OLIVO

Las aceitunas de Israel tenían un contenido de aceite inusualmente alto, y algunas eran usadas como parte de la dieta diaria del pueblo. Los olivos florecían en la primavera y producían fruto durante el otoño (desde octubre hasta noviembre). Las aceitunas eran cosechadas ya sea golpeando las ramas con palos o recogiendo el fruto con las manos. A menudo, las aceitunas que se iban a comer eran recogidas a mano para evitar las magulladuras. Algunas aceitunas eran cosechadas todavía verdes, se encurtían en vinagre y en sal, luego se comían, al igual que algunas de las aceitunas maduras. Parte del fruto verde era hervido, luego secado y consumido durante todo el año. Las aceitunas negras (maduras) eran las mejores para el aceite, ya que a menudo contenían más de 50 por ciento de su volumen en aceite.

En tiempos del Antiguo Testamento, las aceitunas maduras (Isaías 16:6) eran machacadas a mano, en morteros, hasta convertirlas en pulpa, o bajo los pies de las personas (Miqueas 6:15). La pulpa era recogida en cestas de junco, y se dejaba escurrir el aceite. El primer aceite, el más fino, era llamado "aceite de olivas machacadas" (Levítico 24:2; Éxodo 29:40; 1 Reyes 5:11). La gente luego extraía más aceite calentando y volviendo a prensar la pulpa.

En el tiempo de Jesús, estaban en uso nuevos sistemas para prensar aceitunas. En uno de ellos, las aceitunas eran colocadas en un gran tazón circular en el que una gran piedra de molino en forma de rueda rodaba en círculos. La piedra era rodada por un animal (por ejemplo, un asno) o por personas. La pulpa era entonces recogida en cestos, que eran amontonados unos sobre otros dentro de hoyos de piedra (o sobre ellos). Se colocaba un peso de piedra en la parte superior de las cestas, y una viga de madera muy pesada, con uno de sus extremos dentro de un agujero en la pared cercana (a menudo estas prensas se encontraban en cuevas), era colocada a través de la pila de cestas. Se colgaban pesos de piedra de la viga, aplicando una enorme presión sobre las aceitunas y exprimiendo el aceite de la pulpa. En un método similar, se colocaba un gran pilar de piedra directamente sobre las aceitunas para prensar el aceite de la pulpa. El aceite fluía a través de las cestas al hoyo debajo. El olor del aceite de oliva se percibía a kilómetros a la redonda durante cada otoño del año, cuando se prensaba el aceite. Este era recogido en jarras que se colocaban en un lugar fresco. Se vendía o se almacenaba para su uso durante el año siguiente.

Jesús pasó las últimas horas antes de su arresto en un huerto de olivos (Juan 18:1), en un lugar llamado Getsemaní (Mateo 26:36). Es probable que éste fuera una cueva que se encontraba en algún lugar en el Monte de los Olivos (Lucas 22:39), donde se prensaban las aceitunas de los huertos cercanos. Jesús también fue "prensado" al reflexionar sobre la obra que estaba por realizar. El gran peso del pecado del mundo y el rechazo venidero de su Padre lo llevó a sudar gotas de sangre (Lucas 22:44). La imagen del gran peso de un getsemaní sobre las preciosas aceitunas nos puede ayudar a imaginar la presión que Jesús sintió al contemplar la carga que estaba por llevar. Su sangre se convirtió en el símbolo de la unción que Él provee para los que ama.

EL ACEITE DE LA UNCIÓN

El aceite de la unción tenía una gran variedad de usos prácticos en la Biblia, incluyendo los siguientes:[1]

Un elemento en los alimentos: 1 Reyes 17:12
Combustible para las lámparas: Mateo 25:1-13
Medicina: Santiago 5:14; Lucas 10:34; Isaías 1:6
Cosmético: Eclesiastés 9:7-8; Ester 2:12
Menorá del templo (tabernáculo): Éxodo 27:20
Sacrificios: Éxodo 29:40

El aceite de oliva tenía un gran valor simbólico. Podía indicar honor (Jueces 9:9) y gozo. El derramar aceite sobre la cabeza de alguien era desearle felicidad a dicha persona (Salmo 23:5; 92:11; 45:7; 104:15). También era un símbolo de vida. El leproso recuperado tenía que colocar aceite en el lóbulo de su oreja derecha, en su pulgar derecho, y en el pulgar de su pie derecho después de haberlos mojado en sangre. El aceite era entonces derramado sobre la cabeza del leproso, haciendo "expiación por él delante de Jehová" (Levítico 14:15-18). La tradición judía indica que el aceite era un símbolo de que el leproso volvía a la vida porque había sido considerado muerto. El aceite también era un símbolo de bendición divina (Deuteronomio 7:13; Jeremías 31:12; Joel 2:19), que Dios negaba a las personas que le eran infieles (Miqueas 6:15; Joel 1:10).

El aceite estaba simbólicamente relacionado con la venida del Espíritu de Dios. El Espíritu de Dios derrama el "óleo de gozo" sobre aquellos que están de luto (Isaías 61:3). Probablemente esta imagen también esté relacionada con el uso del aceite para ungir a ciertas personas para tareas y cargos especiales. El derramar aceite sobre el elegido simbolizaba que Dios lo estaba dotando de autoridad y que lo estaba llamando para una responsabilidad específica. Los reyes eran ungidos (1 Samuel 10:1; 1 Reyes 1:39), lo mismo que los sacerdotes (Levítico 8:12; Éxodo 30:30), las cosas sagradas (Éxodo 30:22-33), y los lugares donde Dios se había manifestado (Génesis 28:18; 35:14). Cuando Dios ponía su Espíritu sobre la persona llamada a servirle, el aceite utilizado para la unción externa llegó a simbolizar cada vez más al Espíritu que acompañaba dicha unción (1 Samuel 16:13; Isaías 61:1). En tiempos del Nuevo Testamento, la unción había llegado a ser vista fundamentalmente como la obra interna del Espíritu sobre Jesús (Hechos 10:38), y sobre sus seguidores (1 Juan 2:20).

La palabra hebrea para "ungido" es *mashiaj*, de la que obtenemos nuestra palabra Mesías. Aunque muchos fueron ungidos (mesías) en el Antiguo Testamento, y el creyente de hoy es ungido por el Espíritu de Dios, sólo existe un Mesías: Jesús, el Ungido de Dios.

ACEITE Y LUZ

Probablemente el uso más común del aceite de oliva era para encender las pequeñas lámparas caseras. En este sentido, las aceitunas y el aceite que producían eran la fuente de luz para las personas. La menorá del templo, la llama eterna, era encendida usando el aceite de aceitunas que eran especialmente preparadas para esta función sagrada. La luz de esta llama simbolizaba la presencia de Dios, que alumbraba el mundo: El olivo, que producía el aceite para la unción, también producía la luz que alumbraría al mundo. Era natural que Jesús, el Ungido, se llamara a sí mismo la "luz del mundo" (Juan 8:12). No es de sorprender que aquellos que han experimentado su unción también sean llamados "luz del mundo" (Mateo 5:14).

NOTAS

1. Había otros tipos de aceite que se utilizaban en tiempos bíblicos, pero los eruditos bíblicos normalmente entienden las referencias al aceite como aceite de oliva.

Lección 25

La piedra fue removida

La mayoría de ustedes estarán bastante familiarizados con los detalles generales de este estudio: Jesús fue arrestado, juzgado, crucificado y sepultado, pero resucitó al tercer día. Este es un momento apropiado para repasar esos detalles, pero esta lección también explorará otros detalles de estos eventos increíbles. ¿Sabe usted en qué fiestas judías Jesús fue crucificado, enterrado y resucitado de los muertos? El saber el significado de esas fiestas, según los mandatos de Dios en el Antiguo Testamento, añadirá énfasis a los eventos de la expiación de Jesús.

Muchos de ustedes sabrán que Jesús fue sepultado en un sepulcro nuevo, cuyo dueño era un hombre llamado José de Arimatea. Tal vez usted no se dé cuenta de la importancia de que José colocara a Jesús en el sepulcro, y tal vez no sepa qué compromiso hizo José al hacer esto. Estos y otros detalles en esta lección están diseñados para alentarle a ver las grandes obras de redención de Jesús de una manera más personal, porque fue por usted que Él se sometió a los horrores de estos eventos. Usted es quien se beneficiará de los sacrificios de Jesús si, al igual que los discípulos, reconoce que la tumba está vacía, y que su Señor vive.

Sus objetivos para esta lección

Al terminar esta sección, usted querrá:

Saber/entender

1. Lo que se sabe del lugar de la crucifixión y de la sepultura de Jesús.
2. La relación de las fiestas judías de la Pascua, de los panes sin levadura, y de las primicias con la muerte, la sepultura y la resurrección de Jesús.
3. Las leyes romanas en cuanto a la crucifixión, y cómo la crucifixión de Jesús cumplió la profecía.
4. Las costumbres fúnebres de Israel en el primer siglo, y lo que esto significó para la sepultura de Jesús.
5. Por qué Jesús fue totalmente rechazado por todos y crucificado "fuera" de la ciudad.
6. La importancia del velo en el templo, y por qué se partió cuando Jesús murió.
7. Por qué la piedra fue removida del sepulcro de Jesús.

Para hacer

1. Determine alcanzar un sentido de gratitud más profundo por la muerte que Jesús sufrió por usted.
2. Determine depositar más confianza en la planificación cuidadosa de Dios de la vida de sus hijos al entender la planificación que precedió a la vida y a la muerte de Jesús.
3. Aprenda del rechazo a Jesús a estar consciente de su presencia fiel en todo momento.
4. Esté dispuesto a enfrentar el rechazo a fin de permanecer fiel a Jesús.
5. Planifique ser más fiel para entrar en la presencia de Dios ahora que el velo ha sido quitado.
6. Considere lo que podría hacer para mostrar su total devoción a Jesús, y haga planes específicos para hacer tal compromiso.

Lección 25

Cómo planificar esta lección

Debido al volumen del material en esta lección, tal vez usted necesite dividirla en varias sesiones. Para ayudarle a determinar cómo hacerlo, la lección ha sido dividida en varios segmentos. Note que el tiempo que necesite probablemente variará considerablemente, dependiendo en elementos tales como el profesor, el tamaño de la clase, y el nivel de interés de los alumnos.

Si usted desea dar toda la lección en una sesión, deberá completar la Unidad Uno que trata los puntos principales del video, pero sin profundizar mucho. Si usted desea profundizar más en cualquiera de los puntos dentro de la Unidad Uno, éstos se tratan de manera más completa en el resto del material.

Cómo prepararse para esta lección

Materiales necesarios

- Mapas/diagramas: "Los distritos de Jerusalén" y "El mundo romano"
- Ilustraciones: "Los distritos de Jerusalén" y "El mundo romano"
- Hoja de trabajo: "Un sepulcro nuevo"
- Video: La piedra fue removida
- Televisor, videocasetera

    1. Prepare los mapas/diagramas mencionados.
    2. Prepare las ilustraciones mencionadas. (Las encontrará en la parte de atrás de este libro.)
    3. Prepare la hoja de trabajo mencionada. (Si es posible, debe leerla antes de la lección.)
    4. Repase la geografía de las tierras de la Biblia, de la "Introducción".
    5. Determine qué pasos y qué secciones de "Un estudio más a fondo" quiere utilizar en su sesión o sesiones, si es que quiere usar alguna. NOTA: Estas secciones no son necesariamente consecutivas y pueden utilizarse de manera independiente (por ejemplo, tal vez usted quiera usar Un estudio más a fondo III, pero no Un estudio más a fondo I, ni Un estudio más a fondo II).
    6. Prepare su salón de clases con anticipación.

Plan de la lección

UNIDAD UNO: Repaso del video

1. Comentarios introductorios

Es imposible medir el amor que Dios demostró en los eventos que se destacan en esta lección. Fueron precedidos por miles de años de planificación cuidadosamente detallada. Jesús creó una pequeña comunidad de estudiantes, y les mostró cómo continuar después que Él se hubiera ido. Luego sufrió una gran humillación, tortura física y agonía espiritual por las personas que amó, ya sea que éstas lo amaran o no. Por más que reflexionemos en estas historias, jamás agotaremos las lecciones de humildad que nos proveen. También nos guían y nos inspiran a vivir una vida más agradecida. En este estudio, examinaremos algunos de los detalles culturales que rodearon los eventos de la última semana de la vida de Jesús, y comenzaremos a explorar las profundidades del amor de Dios.

2. Muestre el video: La piedra fue removida

3. Estudio de mapas: Jerusalén y el huerto del sepulcro

PAUTA: *Comience este estudio de mapas repasando la geografía de la región en general, hasta llegar a la zona de la que trata esta lección que es el huerto del sepulcro.*

Utilizando la ilustración "Los distritos de Jerusalén", fíjese en los siguientes lugares, y ubíquelos en su diagrama.
- la ciudad alta
- el palacio de Herodes
- el distrito comercial
- la ciudad nueva
- la fortaleza Antonia
- el Gólgota (tradicional)
- el huerto del sepulcro (tradicional)
- las rutas posibles que Jesús tomó antes de ser crucificado:
- Getsemaní (a través del Valle de Cedrón, en el Monte de los Olivos, donde Jesús oró y fue arrestado)
- la Antonia o el palacio de Herodes (Jesús fue juzgado ante Pilato en uno de estos lugares)
- el Gólgota o el huerto del sepulcro (Jesús fue crucificado en uno de estos lugares; probablemente el Gólgota tradicional es el lugar correcto, pero se encuentra dentro de la iglesia del Santo Sepulcro, así que su apariencia original se ha perdido. El huerto del sepulcro encaja bien con la descripción del lugar, y nos ayuda a entender cómo se veía el lugar real. El video *La piedra fue removida* fue filmado en el huerto del sepulcro para ayudar a los estudiantes a apreciar cómo se veía el lugar.)

4. Discusión dirigida: El sacrificio de Jesús

a. *Jesús es crucificado*

La crucifixión era gobernada por reglas específicas establecidas por los romanos para hacer que esta horrible ejecución fuera lo más dolorosa posible y, por lo tanto, proveyera el mejor ejemplo para los demás. Esto significa que el sufrimiento físico de Jesús en la cruz fue terrible, dándonos una pequeña idea del dolor espiritual aun más grande que Él experimentó debido al rechazo del Padre. La crucifixión también sirvió para cumplir las profecías relacionadas con la muerte de Jesús.

Lea los siguientes pasajes y conteste las preguntas.
- Salmo 22:16
    1. ¿De qué manera la crucifixión cumplió el plan de Dios?
- Mateo 27:32-33; Hebreos 13:12; Números 5:1-4: Las personas impuras debían ser llevadas fuera del campamento o de la ciudad. La ley romana dictaba que la crucifixión debía llevarse a cabo fuera de la ciudad.
    1. ¿Dónde fue crucificado Jesús? ¿Por qué?
    2. ¿Qué significa esto para usted?
- Mateo 27:35; Salmo 22:18: Los soldados se quedaban con las pertenencias de la persona condenada.
    1. ¿Por qué el autor del Salmo 22 pareciera estar familiarizado con la crucifixión romana? ¿Qué nos dice esto acerca de la cuidadosa planificación de Dios de estos eventos?
- Éxodo 12:1-6; Juan 1:29; 1 Corintios 5.7; Juan 19:31; Lucas 23:44-46
    1. ¿Cuál es la relación entre el Antiguo Testamento y la hora en que murió Jesús?
    2. ¿De qué manera le ayuda eso a usted a entender la muerte de Jesús?
- Juan 6:66; Juan 7:47-53; Mateo 26:14-16; Mateo 27:46
    1. En cada uno de estos pasajes, ¿quién rechazó a Jesús?
    2. ¿Por qué Jesús tuvo que enfrentar su muerte solo?
    3. ¿Qué significa la soledad de la muerte de Jesús para usted? (Vea Mateo 28:20.)
    4. ¿Cómo se siente usted, sabiendo que nunca está completamente solo (incluso cuando se siente solo)?
- Mateo 27:50-51
    1. ¿Qué sucedió en el momento de la muerte de Jesús?
    2. ¿Cuál era el propósito del velo en el templo? (Respuesta: Separaba el lugar santísimo, donde se centraba la presencia de Dios, del pueblo. Vea Éxodo 26:31-35.)
- Hebreos 9:7, 12
    1. ¿Qué significa para usted el velo rasgado?

b. *Jesús es sepultado en un sepulcro nuevo*

Lea los siguientes pasajes y conteste las preguntas.
- Mateo 27:57-61
- Lucas 23:50-56
    1. ¿Qué nos dicen estos pasajes acerca del sepulcro en el que Jesús fue sepultado?
- Marcos 15:43-47
- Juan 19:38-42
    1. ¿Qué nos dicen estos pasajes acerca de José?
    2. Un sepulcro nuevo y labrado era una posesión muy cara, que costaba el equivalente de 100.000 dólares actuales. ¿Qué aprendemos acerca de José, por el hecho de que ofreció su sepulcro por voluntad propia para Jesús? NOTA: Algunos eruditos bíblicos creen que una vez que Jesús fue sepultado allí, la tumba ya no podía ser usada por la familia de José. Volver a usarla habría significado violar la ley judía.
    3. ¿Alguna vez ha hecho usted un gran sacrificio por Jesús? ¿Cuál fue? ¿Cuál fue el resultado?
    4. ¿De qué manera podría usted mostrar el mismo nivel de devoción a Jesús que tuvo José?

c. *¡Jesús resucitó!*

El domingo siguiente al entierro de Jesús se celebraba la fiesta de las primicias. Durante esta fiesta, los judíos llevaban los primeros frutos de su cosecha de cebada al templo, como una manera de agradecerle a Dios y de mostrarle que confiaban en Él para que les proveyera del resto de la cosecha.

Lea los siguientes pasajes y conteste las preguntas.
- Lucas 24:1-8
    1. ¿Cuándo resucitó Jesús de los muertos?
    2. ¿Por qué resucitó Jesús en este día?
- 1 Corintios 15:22-23
    1. ¿Qué significa el simbolismo en estos versículos? ¿Qué garantiza la resurrección de Jesús?
- Mateo 28:1-6: Note especialmente el versículo 6, que dice: "Ha resucitado."
    1. El terremoto ocurrió cuando las mujeres llegaron al sepulcro, pero Jesús ya había resucitado. ¿Por qué la piedra fue removida si Jesús no necesitaba ser "sacado" del sepulcro?
    2. ¿Cuál fue el efecto sobre las mujeres (y más tarde sobre los discípulos) cuando vieron que la piedra había sido removida?
    3. ¿Por qué fue necesario que los seguidores de Jesús vieran su tumba vacía?
    4. ¿Qué significaría (o qué significó) para usted ver la tumba vacía?
    5. ¿Qué parte del pasaje le dice que las mujeres entendieron el significado de la tumba vacía?
    6. ¿Cuál fue el efecto cuando se encontraron con Jesús vivo?
    7. ¿Cómo sabe usted cuando una persona ha experimentado la tumba vacía y se ha encontrado con Jesús vivo? ¿Conoce usted a alguien que muestre esto cada día? ¿Cómo es esa persona? ¿Qué impacto tiene él o ella en el mundo?

Dedique un momento a la oración, pidiéndole a Dios que remueva cualquier "piedra" que pudiera haber en su vida para que usted pueda volver a ver la tumba vacía. Dígale que quiere volver a encontrarse con Jesús vivo.

d. Comprométase a amar más a Jesús

El video terminó con un momento de compromiso al amor que Jesús mostró por nosotros en su muerte y en su resurrección. En los días de Jesús, un hombre y una mujer sellaban su compromiso matrimonial intercambiando una copa de vino. Si bien hay muchos otros significados involucrados en el hecho de que Jesús les dio la "copa" a sus discípulos, y nos la dio a nosotros, en un sentido, era una declaración de su amor por nosotros y su invitación para que fuéramos su novia espiritual.

Lea los siguientes pasajes y conteste las preguntas.
- Marcos 2:19-20; Lucas 22:20; Apocalipsis 19:7-9; 2 Corintios 11:2
    1. ¿De qué manera le ayuda a usted entender el amor de Jesús al pensar en Él como el perfecto esposo espiritual?
    2. ¿Qué demanda este compromiso de nosotros hasta que veamos a Jesús cara a cara?
    3. La novia aceptaba la copa de su futuro esposo como señal de su compromiso con él para toda la vida. ¿De qué manera Jesús ha demostrado su amor por usted? ¿Ha sentido usted este compromiso de amor en su vida?
    4. ¿Cómo ha indicado su total compromiso con Jesús, quien quiere estar "comprometido en matrimonio" con usted?
    5. ¿De qué manera le ha sido usted fiel a Jesús? ¿Infiel?

Dedique unos momentos a la oración, pidiéndole a Dios que le ayude a aceptar su oferta de amor, y a estar totalmente comprometido con Él.

Lección 25

UNIDAD DOS

Paso Uno: "Una antigua promesa mantenida"

1. Comentarios introductorios

La historia avanza hacia su final, cuidadosamente dirigida por el Dios Todopoderoso. Ningún evento ha sido más central y más trascendental en la historia que la muerte y la resurrección de Jesús, el Mesías. Es imposible para nosotros explorar el más mínimo porcentaje del significado y del impacto de tal evento. El propósito de esta lección es notar varios elementos clave que se apoyan en conceptos bíblicos que fueron investigados en lecciones anteriores, y que pueden ser mejor entendidos en su escenario geográfico e histórico. Este estudio no pretende ser completo. Simplemente presenta la obra de Dios en Jesús como el momento en que recibimos el poder para nuestro llamado a ser sus testigos. Al llevar las nuevas y el poder de su obra de sacrificio a los demás, la historia seguirá siendo formada de acuerdo con el plan de Dios. No podemos causar ningún impacto sin el poder de lo que Jesús hizo durante aquellos pocos días en Jerusalén. Con su victoria, nada es imposible.

2. Muestre el video: La piedra fue removida

3. Estudio de mapas: Jerusalén y el huerto del sepulcro

PAUTA: *Comience este estudio de mapas repasando la geografía de la región en general, hasta llegar a la zona de la que trata esta lección que es el huerto del sepulcro.*

Utilizando la ilustración "El mundo romano", fíjese en los siguientes lugares, y ubíquelos en su mapa.
    Roma
    el Mar Mediterráneo
    Judea
    Cesarea

Utilizando la ilustración "Los distritos de Jerusalén", fíjese en los siguientes lugares, y ubíquelos en su diagrama.
    la ciudad alta
    el palacio de Herodes
    el distrito comercial
    la ciudad nueva
    la fortaleza Antonia
    el Gólgota (tradicional)
    el huerto del sepulcro (tradicional)
    las rutas posibles que Jesús tomó antes de ser crucificado
    Getsemaní (a través del Valle de Cedrón, en el Monte de los Olivos, donde Jesús oró y fue
        arrestado)
    la Antonia o el palacio de Herodes (Jesús fue juzgado ante Pilato en uno de estos lugares)
    el Gólgota o el huerto del sepulcro (Jesús fue crucificado en uno de estos lugares; probablemente
        el Gólgota tradicional es el lugar correcto, pero se encuentra dentro de la iglesia del Santo
        Sepulcro, así que su apariencia original se ha perdido. El huerto del sepulcro encaja bien
        con la descripción del lugar, y nos ayuda a entender cómo se veía el lugar real. El video *La
        piedra fue removida* fue filmado en el huerto del sepulcro para ayudar a los estudiantes a
        apreciar cómo se veía el lugar.)

> **OPCIONAL: Un estudio más a fondo I: El tiempo llegaría**
>
> Tal vez desee repasar las siguientes secciones en la Lección 22, Unidad Dos, Paso Dos: "El muro norte", especialmente la sección sobre la Antonia, "La ciudad alta", "El distrito comercial", y "La ciudad nueva". Tal vez desee repasar las ilustraciones 135 ("Las mansiones en la colina oeste"), 137 ("La ciudad alta"), 138 ("La ciudad nueva"), y 139 ("La Jerusalén antigua vista desde el norte"), junto con sus descripciones respectivas, también en la Lección 22.

4. Discusión dirigida: La crucifixión de Jesús

a. Introducción

Jesús fue crucificado. Recuérdeles a sus estudiantes algunas de las increíbles inferencias de este evento: Se cumplieron profecías hechas miles de años antes. La sangre de innumerables animales obtuvo su significado total. Nació una nueva comunidad. La humanidad recibió esperanza eterna. Millones vivirían para siempre en una nueva creación gloriosa.

No es posible que podamos comprender todo lo que Dios hizo por medio de Jesús en el día de su crucifixión, pero podemos explorar algunas de sus inferencias para nosotros.

b. La crucifixión: Su historia y su práctica

Siglos antes que los romanos llegaran a Israel, los persas practicaron la crucifixión empalando a sus víctimas en estacas (Esdras 6:11; Ester 2:23). Los antiguos judíos creían que los que eran colgados estaban bajo la maldición de Dios (Deuteronomio 21:22-23).

Los romanos implantaron la crucifixión en Israel como el método de ejecución para los no romanos. Los romanos crucificaron a miles de personas durante los 400 años que estuvieron en Palestina. El general Varo crucificó a 2.000 personas al mismo tiempo; el general Tito crucificó a 500 en un día durante el sitio a Jerusalén; y el rey judío helenista Alejandro Janeo hizo crucificar a 800 fariseos mientras él y sus concubinas observaban la ejecución.

Las reglas

1. La cruxifición tenía que hacerse fuera de la ciudad (a menudo un lugar asociado con ejecución o con maldición), en un lugar público (Mateo 27:32-33; Hebreos 13:12; Mateo 27:33).
2. Normalmente, los condenados eran crucificados desnudos (Mateo 27:35).
3. La cruz preferida probablemente tenía la forma de una T mayúscula más que la de una t minúscula. Las cruces eran bastante bajas, sólo entre 1,50 y 1,80 metros de alto (Mateo 27:48).
4. El condenado era clavado a la cruz por las muñecas y los tobillos (Juan 20:27; la palabra griega traducida como "mano" se refiere a la parte del brazo que va desde la palma hasta la muñeca. La evidencia indica que los clavos fueron introducidos a través de los huesos del brazo que se unen con la muñeca).

El procedimiento

1. El condenado era primero azotado, lo que a menudo lo dejaba al borde de la muerte (Juan 19:1; 1 Pedro 2:24).
2. El travesaño (el patíbulo, no toda la cruz) era atado a los hombros del prisionero, y éste era obligado a marchar por las calles para humillarlo y como un ejemplo. Un soldado llevaba una señal (título) indicando el crimen que la persona había cometido (Juan 19:16-21).
3. En el lugar de ejecución, las muñecas del prisionero eran clavadas al travesaño, y éste era levantado y colocado en la estaca, que ya estaba en el suelo. Los tobillos de la persona eran entonces clavados a la estaca. Finalmente, la señal que identificaba el crimen de la persona era clavada a la estaca. El prisionero, en medio de un dolor insoportable, finalmente moría de asfixia y por la pérdida de sangre (Juan 19:18 [Salmo 22:16]).
4. Algunas veces, los prisioneros estaban conscientes durante días, pudiendo hablar sólo en cortos momentos, debido a la tensión en su diafragma. Algunas veces, los romanos acortaban el

sufrimiento de los prisioneros rompiendo sus piernas, y puesto que sus piernas ya no podían soportar el peso de sus cuerpos, se asfixiaban más rápido. Jesús murió sin ningún hueso roto (Juan 19:33 [Éxodo 12:46, 34:20]).

A continuación se indica una lista de versículos que registran lo que Jesús dijo mientras estaba colgado en la cruz. Note que las oraciones son cortas (y lo son aun más en arameo/hebreo, el idioma de Jesús).
- Lucas 23:34
- Lucas 23:42-43
- Juan 19:25-27
- Mateo 27:46 (Vea también Salmo 22:1.)
- Juan 19:28 (Vea también Salmo 22:15; 69:21.)
- Juan 19:30
- Lucas 23:46

5. Los soldados se quedaban con las pertenencias de la víctima (Mateo 27:35 [Salmo 22:18]).

c. Reflexión

Conteste las siguientes preguntas.
1. Muchas profecías de cientos de años antes de la muerte de Jesús (incluso antes que la crucifixión existiese) se cumplieron en el método con el que Jesús fue ejecutado. ¿Qué le enseña esto a usted acerca de los planes de Dios?
2. ¿Quién ejecutó a Jesús? ¿Por qué? ¿Por qué eligió ser ejecutado?
3. ¿Por qué Jesús eligió morir de una manera tan horrible? NOTA: Algunos eruditos bíblicos han destacado que la agonía física que Jesús soportó mientras estuvo colgado en la cruz era paralela a la agonía espiritual que sintió al ser rechazado por Dios el Padre y al llevar el castigo de nuestro pecado.
4. ¿Cómo afecta a su vida la realidad de la ejecución de Jesús? ¿Cómo debe afectarle a usted?

d. La crucifixión de Jesús y el Antiguo Testamento

Lea los siguientes pasajes y conteste las preguntas.
1. El método normal de ejecución judía era la lapidación, pero la profecía indicaba que Jesús moriría por medio de la crucifixión (Salmo 22:16).
2. Lea Éxodo 12:1-6; Juan 1:29; 1 Corintios 5:7; Juan 19:31. ¿Cuál es la relación entre el Antiguo Testamento y el momento de la muerte de Jesús?
3. Lea Levítico 23:5 (la palabra traducida como "entre las dos tardes" se interpreta aquí por los rabíes como que significa "a la mitad de la segunda mitad del día", o "a las 3:00 de la tarde" [Mishná Pesahim 5:1]). Por tradición, el sacrificio de la Pascua era inmolado a las 3:00 p.m. y ofrecido a las 3.30 p.m., luego del sacrificio diario. Tanto el sacrificio diario como el sacrificio de la Pascua se ofrecían a nombre de la nación de Israel. Conclusión: La ofrenda de un cordero por la nación de Israel era alrededor de las 3:00 de la tarde en la Pascua.
4. Lea Marcos 15:33-37; Lucas 23:44-46. ¿A qué hora del día murió Jesús? ¿Por qué cree usted que Él murió exactamente a esta hora? ¿Pudiera ser que la similitud entre la muerte de Jesús y la muerte del cordero pascual fuera una coincidencia? Recuerde que los corderos habían sido inmolados a esa hora no por cientos, sino por más de mil años. ¿Qué dice esto acerca de los planes de Dios? ¿Acerca del trasfondo judío para la obra de Jesús?
5. Es posible que una trompeta fuera tocada en los patios del templo para anunciar el sacrificio de la tarde. Imagine a Jesús en la cruz, escuchando ese sonido penetrante, reconociendo que la hora del sacrificio había llegado, y luego diciendo: "Consumado es." Esta relación nos da un cuadro poderoso de la muerte de Jesús y su efecto en nuestra vida.

OPCIONAL: Un estudio más a fondo II: Rechazo total

Jesús fue totalmente rechazado por las personas de su tiempo, desde sus enemigos hasta sus amigos.
1. Lea Isaías 53:3. ¿Qué se predijo acerca de Jesús?
2. Identifique quién rechazó a Jesús en cada uno de los siguientes pasajes:
   - Juan 6:66
   - Juan 7:47-53
   - Mateo 26:14-16
   - Mateo 26:56
   - Mateo 26:69-75
   - Mateo 27:46
3. ¿Por qué Jesús perdió gradualmente a todos sus colaboradores? ¿Por qué Dios el Padre lo abandonó? ¿Por qué tuvo que enfrentar la muerte y la agonía espiritual totalmente solo?
4. Una parte importante del sufrimiento de Jesús fue el rechazo que sufrió por parte de los que Él amaba. Al final, enfrentó su misión totalmente solo. ¿Alguna vez se ha sentido usted muy solo? Si es así, ¿cuándo?
5. Lea Mateo 28:20. ¿Qué consuelo puede darle a usted este versículo? ¿Es posible que seamos abandonados como Jesús lo fue? ¿De qué manera le alienta esto a usted mientras busca afectar al mundo que lo rodea?

OPCIONAL: Un estudio más a fondo III: Fuera del campamento

Uno de los símbolos del rechazo total a Jesús por parte de todos, incluyendo del Padre, fue su ejecución fuera de los muros de la ciudad. La base para esta ubicación se encuentra en el Antiguo Testamento.
- Números 2:1-2: El pueblo de Israel acampaba unido alrededor del tabernáculo, donde estaba la presencia de Dios.
- Levítico 13:46; 24:14; Números 5:1-4: Las personas consideradas impuras o ritualmente impuras habían de ser colocadas fuera del campamento.
- Levítico 16:6-10, 20-22: En Yom Kipur, el sacerdote entraba en el lugar santísimo del tabernáculo (templo) para pedir el perdón por los pecados del pueblo en la presencia de Dios mismo. Luego, colocaba sus manos en la cabeza de un macho cabrío, transfiriendo de manera simbólica los pecados del pueblo al animal. El macho cabrío era llevado al desierto para que muriese, llevando los pecados del pueblo fuera del campamento (ciudad). En el tiempo de Jesús, había una puerta en el extremo sudeste del monte del templo, por la que el "becerro de la expiación" era llevado al desierto para que muriese.
- Lucas 23:26; Hebreos 13:11-13: Jesús fue llevado fuera de la ciudad (campamento) para que muriese. Esto simbolizaba su impureza porque estaba llevando el pecado del mundo. Él fue aislado de la comunidad porque estaba maldito.

Conteste las siguientes preguntas.
1. ¿Por qué enfrentaría Jesús un rechazo y una humillación tan terribles? ¿Cómo lo habría visto la comunidad judía de su tiempo? ¿Cómo lo habría visto Dios?
2. ¿De qué manera le afecta a usted ver que Jesús estuvo dispuesto a ser maldecido y marginado de la comunidad porque estaba llevando nuestros pecados?

OPCIONAL: Un estudio más a fondo IV: Repaso — El camino de sangre

Abra su Biblia en Génesis 15. Lea cada versículo, y conteste las preguntas correspondientes.

Versículo 1: ¿En qué forma vino Dios a Abram? ¿Cuál fue la promesa de Dios para él?

Versículo 2: ¿Cuál fue la reacción de Abram? ¿Se atrevería usted a hablarle a Dios de manera tan directa (respetuosamente, por supuesto)? ¿Acaso debe hacerlo?

Versículo 3: ¿Cuál era la preocupación de Abram?

Versículo 4: ¿Cuál fue la respuesta de Dios?

Versículo 5: ¿Cuál fue la señal de la respuesta de Dios?

Versículo 6: ¿Cuál fue la respuesta de Abram? ¿La reacción de Dios ante la fe de Abram? ¿Reaccionaría Dios ante la fe de usted del mismo modo hoy en día? ¿Cómo podría usted indicar que está dispuesto a creer lo que dice Dios?

Versículo 7: ¿Qué fue lo que Dios rememoró del pasado? ¿Por qué estableció esto el derecho de Dios a hacer un pacto con Abram?

Versículo 8: ¿Cuál fue la reacción de Abram? Nuevamente, note lo directo que fue. Ponga la reacción de Abram en sus propias palabras (por ejemplo: "¡Demuéstramelo!").

Versículo 9: ¿Cómo reaccionó Dios ante la solicitud de Abram de una prueba? ¿Qué es una becerra? ¿Cómo sabe usted que el carnero no era una cabra?

Versículo 10: ¿Qué hizo Abram después que consiguió los animales? ¿De qué manera le muestra esto a usted que él sabía lo que estaba sucediendo? NOTA: Esta ceremonia era practicada en esa cultura y, por lo tanto, Abram la conocía. Los animales eran dispuestos de tal manera que la sangre corriera hacia el centro del altar, formando una laguna, o un camino de sangre, entre ambas partes. Entonces, ambos pactantes, comenzando por el más grande, caminaban a través del "camino de sangre" como símbolo de lo que sucedería si no mantenían su palabra. A este tipo de ceremonia se le llama un juramento de automaldición: "Que esto me sea hecho a mí si no cumplo mi palabra."

Versículos 13-16: ¿Qué prometió Dios?

Versículo 17: ¿Qué símbolos pasaron entre las piezas? ¿Cómo sabe usted que ése era un símbolo de Dios? ¿Qué estaba diciendo Dios? Desde la perspectiva de Abram, ¿podía Dios haber roto el pacto? ¿Cómo sabe usted que se había hecho un pacto? (Vea el versículo 18.)

Note los símbolos que pasaron entre las piezas: Un horno humeando y una antorcha de fuego. ¿Cuándo fue el fuego un símbolo de Dios (Éxodo 2:2 y Hechos 2:3)? ¿Cuándo fue el horno humeando un símbolo de Dios (Éxodo 19:18; Isaías 6:4)?

Con estos dos símbolos, Dios hizo un pacto con Abram, que significaba que también se esperaba que Abram se jugara la vida por su obediencia. Eso puede explicar "el temor de una grande oscuridad" que anteriormente había caído sobre Abram esa noche (versículo 12). Si es así, la imagen de este pasaje es la disposición de Dios a pagar el precio por su propio rompimiento del pacto (lo cual no podía pasarle a un Dios perfecto). La historia también muestra la disposición de Dios a pagar el precio por el fracaso de Abram (y de sus descendientes) en cuanto a mantener el pacto.

Lea en voz alta Génesis 17:1-2. Luego conteste las siguientes preguntas.

1. Al confirmar el pacto (ya hecho en el capítulo 15), ¿cuál era la responsabilidad de Abram (no mencionada en el capítulo 15)? ¿Con quién era este pacto? ¿Podían Abram y sus descendientes guardar este pacto? Al caminar por el camino de sangre por Abram y por sus descendientes, ¿qué estaba prometiendo Dios? ¿Qué tiene que ver esto con Jesús?

2. ¿De qué manera el caminar de Dios por el camino de sangre ayudaría a los israelitas a entender el significado de sus sacrificios? ¿Pudieron los sacrificios haber sido recordatorios de la promesa de Dios de pagar con su propia vida por el rompimiento del pacto?

3. ¿Qué significa para usted que Dios estaba dispuesto a pagar el precio por los pecados de usted?

4. ¿De qué manera la realización del perdón de Dios nos ayuda a ser instrumentos de Él para aquellos que nos rodean? Piense en alguna ocasión en que el pecado o la culpa le impidió dar testimonio.
5. ¿De qué manera la crucifixión de Jesús se relaciona con la promesa de Dios a Abraham en el camino de sangre? ¿Qué puede usted aprender acerca de Dios, sabiendo que Él hizo esta promesa muchísimos años (más de 1.600) antes del nacimiento de Jesús?

OPCIONAL: Un estudio más a fondo V: El velo del templo

La Biblia menciona que el velo del templo se partió en dos cuando Jesús murió. Este evento tendría un profundo significado para los judíos del tiempo de Jesús.
1. Lea Mateo 27:50-51. ¿Qué ocurrió en el templo en el momento de la muerte de Jesús? ¿Qué cree usted que esto significaba?
2. Lea y haga un resumen de cada uno de los siguientes pasajes y conteste las preguntas.
    Éxodo 26:31-35; Éxodo 25:10-22; 40:3; Números 7:89; 2 Crónicas 5:13b-14; Salmo 99:1; Levítico 16:2. ¿Dónde manifestaba Dios su presencia al pueblo de Israel? (Respuesta: En la parte interior del templo, en el lugar santísimo, en el arca del pacto.)
    Levítico 16:1-2, 29-33; 23:26-32. ¿Cuándo podía el sumo sacerdote atravesar el velo e ingresar en el lugar santísimo? NOTA: En la época del segundo templo, el arca ya no estaba allí. Pero Dios todavía revelaba su presencia en el lugar santísimo.
    Ezequiel 43:4-7; 44:4; Hebreos 9:1-14 (especialmente los versículos 7 y 12); 10:14-22. ¿Qué logró la muerte de Jesús? ¿Cuál fue la importancia del velo rasgado? ¿Qué significado práctico tiene para usted? ¿De qué manera afecta su vida el tener acceso directo a la misma presencia de Dios? ¿Puede usted hacer uso de este fantástico privilegio? Si hemos de dar testimonio de Dios en nuestro mundo y causar un verdadero impacto en nuestra cultura, ¿por qué es éste un evento tan importante?

Paso Dos: "Las primicias"

1. Comentarios introductorios

La crucifixión de Jesús proveyó perdón a aquellos que creen en Él como el Cordero de Dios. Su sepultura y su resurrección ofrecen victoria sobre la muerte, el cruel resultado del pecado. Esta sección explorará cuándo fue sepultado Jesús, cuáles eran las prácticas fúnebres de su tiempo, y cuándo resucitó de los muertos. Un estudio más completo de su resurrección sería de gran inspiración, pero está fuera del alcance de esta lección.

2. Discusión dirigida: Un sepulcro nuevo

Lea la hoja de trabajo "Un sepulcro nuevo" antes de comenzar esta sección.

Lea los siguientes pasajes y haga una lista de lo que sabemos con certeza acerca del sepulcro que José de Arimatea proveyó para Jesús.
- Mateo 27:57-61, 66: El sepulcro le pertenecía a un judío rico.
- Mateo 28:2
- Marcos 15:42-47: El sepulcro estaba cavado en una peña y fue sellado con una piedra.
- Marcos 16:1-5
- Lucas 23:50-56: Era un sepulcro nuevo.
- Lucas 24:1-4, 12: Las personas tenían que inclinarse para poder ver adentro, y era lo suficientemente grande como para que entrara más de una persona.
- Juan 19:38-42: Había un huerto cerca.

- Juan 20:1-8: Las personas podían ver dentro del sepulcro sin tener que entrar en él.
- Lea los siguientes pasajes y señale lo que éstos enseñan acerca de José de Arimatea.
- Marcos 15:43-46
- Lucas 23:50-54
- Juan 19:38-42

1. ¿Por qué José era tan devoto de Jesús? ¿De qué manera mostró dicha devoción?
2. ¿Alguna vez ha hecho un gesto así de generoso por Jesús? ¿Cómo? ¿Podría usted hacer algo igual de generoso? ¿Cómo podría hacerlo?
3. ¿Alguna vez ha hecho algo así de peligroso por Jesús? ¿Lo haría?

Lea Levítico 19:19; Deuteronomio 22:9-11. Aparentemente, estas leyes eran para enseñar a los israelitas que no debían mezclar cosas diferentes. Tal vez proveyeron lecciones objetivas para mostrar que los seguidores de Dios no deben mezclarse (es decir, casarse) con personas paganas (2 Corintios 6:14). Es posible que esta misma lógica, de no mezclar cosas que son de naturaleza distinta, esté detrás de la práctica de colocar sólo a miembros de una misma familia en la misma tumba. Si es así, José le dio a Jesús un sepulcro que ya nunca más podría usar. ¿De qué manera le ayuda esto a entender la devoción de José por Jesús? ¿Cómo podría usted mostrar tal devoción por Jesús?

Lea los siguientes pasajes y haga un resumen de lo que éstos nos enseñan acerca de Nicodemo.
- Juan 3:1-21
- Juan 7:45-52
- Juan 19:39-41

1. ¿Era Nicodemo creyente? ¿Qué hizo él para mostrar su devoción por Jesús?
2. ¿Por qué algunas figuras públicas dudan tanto de hablar en el nombre de Jesús? ¿Por qué otros tienen tanto denuedo?
3. ¿Alguna vez se ha manifestado por Jesús en un escenario donde sus puntos de vista no eran bien recibidos?
4. ¿Cómo podemos alentarnos unos a otros para ser más abiertos públicamente en cuanto a nuestro compromiso con Jesús, incluso si nuestros puntos de vista no son bien recibidos?

OPCIONAL: Un estudio más a fondo VI: Costumbres fúnebres en los tiempos del Nuevo Testamento

Ilustración 147. El huerto del sepulcro. Exactamente al norte de la puerta de Damasco, la principal entrada norte a Jerusalén, hay un bello huerto que se encuentra contra al lado de un precipicio rocoso. Ha sido un lugar de interés para muchos visitantes cristianos porque es notoriamente similar a la descripción que la Biblia hace del lugar de la crucifixión y de la resurrección de Jesús. La atmósfera de este lugar tranquilo, junto con las características que nos pueden ayudar a imaginar el lugar, hacen que valga la pena visitarlo, ya sea que esos grandes eventos realmente hayan ocurrido allí o no. (La evidencia arqueológica parece indicar que no es el lugar original.)

Esta fotografía muestra la pared del precipicio en el huerto, con un sepulcro cavado en la roca. Frente a la entrada del sepulcro hay un canal donde originalmente se rodó una piedra frente al sepulcro, para cerrarlo después de haber puesto a alguien allí (Marcos 15:46; 16:1-3). Al entrar en el sepulcro a través de la entrada, que fue ampliada durante las cruzadas, uno debe mirar hacia la derecha para ver los lugares de entierro, que nunca fueron terminados. (Juan 19:41-42 describe un sepulcro nuevo labrado en la peña. Juan 20:3-9 dice que los discípulos tuvieron que bajar a mirar para encontrar los lienzos en los que el cuerpo había sido colocado, y el sepulcro era lo suficientemente grande para que entrara más de una persona.) La pequeña ventana permite la entrada de luz en la cámara donde se colocaban los muertos, pero probablemente fue añadida posteriormente. En algún momento, la entrada a este sepulcro fue ampliada, y más tarde fue bloqueada, así que originalmente la abertura fue mucho más alta.

Las excavaciones indican que originalmente este sepulcro se encontraba en un huerto, y que una gran cisterna y una prensa de uvas se encontraban cerca (Juan 19:41; 20:15). El huerto y el sepulcro se encuentran fuera de los muros de Jerusalén (Hebreos 13:12), cerca de una cantera antigua y abandonada. No es difícil imaginar a los afligidos amigos de Jesús yendo a un lugar como éste para ver el cuerpo de Jesús colocado en un sepulcro, y una gran piedra rodada frente a la entrada. Al regresar en la mañana de la fiesta de las primicias, descubrieron el sepulcro abierto y vacío (como éste en la fotografía). Al apresurarse hacia Jerusalén, se encontraron con Jesús, quien se había convertido en las primicias de aquellos que habrían de ser resucitados de los muertos (1 Corintios 15:23).

Ilustración 148. Costumbres para sepultar. Parte superior izquierda: **Precipicio en el huerto del sepulcro.** La pared de este precipicio se encuentra exactamente fuera del huerto del sepulcro (vea la ilustración anterior). Originalmente era una cantera, pero la calidad de la roca no era muy buena. Se encuentra justo en las afueras de la ciudad de Jerusalén, cerca de la puerta principal. Probablemente, el área frente al precipicio era el lugar donde la gente era lapidada de acuerdo con la ley judía. (Algunos sugieren que éste sea el lugar donde Esteban fue apedreado. Vea Hechos 7:54-60.) Si bien no existe evidencia arqueológica que indique que éste fue el lugar de la crucifixión, este lugar puede ayudarnos a imaginar el lugar donde Jesús fue crucificado, ya que encaja con la descripción bíblica. Se encuentra fuera de la ciudad (Hebreos 13:12) y en un lugar público, tal como lo demandaba la ley romana. Se encuentra cerca de un huerto y de sepulcros (Juan 19:41) y probablemente era un lugar de ejecución. A algunas personas, las cuevas en la pared del precipicio en el lado derecho les recuerdan una calavera, dos ojos con el puente de una nariz en medio. Aunque Jesús fue crucificado en el Gólgota, el lugar de la Calavera (Juan 19:17), no existe la certeza de que estas cuevas se vieran iguales entonces, o que la colina se llamara Gólgota porque se veía como una calavera. Es probable que si el Gólgota era una colina, Jesús fuera crucificado al pie, no en la parte superior, porque los romanos querían mantener a las víctimas lo más cerca posible a los transeúntes para que sirvieran como ejemplos.

Parte superior derecha: **Canal para la piedra.** Este canal se encuentra frente a la entrada del huerto del sepulcro. Es probable que una gran piedra de sepulcro, redonda como un disco y probablemente de unos 1,5 metros de alto y 30 centímetros de ancho, rodara por este canal para sellar la tumba. Ya que las familias seguían usando sus tumbas por varias generaciones (guardando los huesos en osarios), tenían que poder abrir y cerrar el lugar del sepulcro. Algunos entre los ricos podían darse el lujo de tener tumbas cavadas en la roca. Se cortaba una piedra en forma de disco, que rodaba por una zanja frente a la entrada. Una pequeña depresión hacía que la piedra se detuviera exactamente donde cerraba el sepulcro. Una piedra rodante como ésta de aquí pesaría más de dos toneladas (Marcos 16:1-3). No existe manera de saber si ésta fue la tumba de Jesús, pero eso no es realmente importante. Esta piedra nos puede ayudar a entender cómo se selló el sepulcro de Jesús.

Parte inferior izquierda: **La tumba de la familia de Herodes.** Por un tiempo se pensó que este sepulcro al oeste de Jerusalén era el lugar de sepultura de la familia de Herodes. Investigaciones posteriores han indicado que no era la tumba de Herodes. Esto se conoce por la "piedra rodante" que todavía está en su sitio, junto a la entrada. Esta fotografía fue tomada desde la entrada principal al sepulcro. En primer plano se ven las gradas por las que se desciende al sepulcro. Originalmente, el arco de piedra era parte de una pared del sepulcro para que la piedra redonda estuviera totalmente escondida detrás del muro. La piedra tiene más de 1,5 metros de alto y 45 centímetros de ancho y es perfectamente redonda. Uno puede entender cómo esta piedra bien conservada fue aflojada y rodada hacia la izquierda a su posición actual para que las personas pudieran descender dentro de este sepulcro que es bastante grande.

Después que se colocaba el cuerpo en el sepulcro, la piedra era rodada de vuelta a su "ranura", cubriendo así la entrada. Algunas veces, se colocaba cera o arcilla entre la piedra rodante y el muro, y el sello del propietario era impreso sobre ella para que la gente pudiera determinar si la tumba había sido abierta o no. En el caso de Jesús, la tumba fue sellada y se pusieron guardas frente a ella (Mateo 27:62-66). Estas precauciones adicionales no importaron: Jesús, por el poder de Dios, salió del sepulcro, el ángel removió la piedra, y los amigos y los discípulos de Jesús descubrieron la tumba vacía.

Parte inferior derecha: Osarios. Poco antes del tiempo de Jesús, los judíos comenzaron a usar los sepulcros de la siguiente manera. Luego que la carne había desaparecido de los huesos de una persona que había sido sepultada, éstos eran recogidos y colocados en una caja pequeña, un osario, como los que se muestran aquí. Estos osarios en particular fueron encontrados en un sepulcro en el Monte de los Olivos. Generalmente se hacían de piedra de caliza pulida. Algunas veces, se decoraban con diseños geométricos, como los que se ven aquí. Luego de ser llenados, algunas veces con los huesos de varias personas, se guardaban en cámaras pequeñas (llamadas *kokhim* en hebreo) dentro del mismo sepulcro (al fondo). A veces, el nombre de la familia o de uno de los miembros de ésta era tallado en la parte de afuera. Entre los osarios que los arqueólogos han encontrado, está el de José Bar Caifa (Caifás en griego), posiblemente el sumo sacerdote que conspiró contra Jesús.

Nadie sabe con exactitud por qué se inició la práctica de usar osarios. Algunos creen que era debido a la enseñanza de los fariseos de que la "carne" es el lugar donde se encuentra la naturaleza pecaminosa, y que debe desaparecer para que los huesos puedan ser levantados en la resurrección de los justos.

3. Discusión dirigida: Jesús es sepultado

Dios planificó la misión de Jesús cuidadosamente. Como parte del plan de Dios, esta obra de Jesús fue llevada a cabo durante la Pascua judía. Al ver la crucifixión, la sepultura y la resurrección de Jesús a la luz de las celebraciones que tuvieron lugar en ese momento, podemos recibir una lección objetiva de lo que Él vino a hacer.

Lea los siguientes pasajes y conteste las preguntas.

a. La Pascua (el viernes de ese año)

- Éxodo 12:12-14; Levítico 23:5. ¿Cuándo debía comenzar la Pascua? ¿Qué celebraba?
- Juan 18:28. ¿Cuándo murió Jesús? ¿Por qué?
- Juan 1:29; 1 Corintios 5:7. ¿De qué manera le ayuda esto a usted a entender el significado de la muerte de Jesús? NOTA: Vea también "La crucifixión de Jesús y el Antiguo Testamento".

b. La fiesta de los panes sin levadura (que comenzó el sábado de ese año)

- Levítico 23:6. ¿Cuándo comenzaba la fiesta de los panes sin levadura? Esta fiesta era un recordatorio del pan que los israelitas comieron cuando salieron de Egipto. El pan se hacía sin levadura, la cual representaba el pecado (1 Corintios 5:7-8). Esta fiesta también conmemoraba la provisión de Dios durante el éxodo de Egipto.
- Juan 6:35; 12:24; 19:31: El día de reposo fue el día después de la crucifixión de Jesús. Este día también era el día de la fiesta de los panes sin levadura (el día después de la Pascua). ¿Cómo se llamó Jesús a sí mismo? ¿De qué manera Jesús era como el pan sin levadura? ¿Qué tenía que ocurrirle al trigo ("pan") para que volviera a la vida desde la tierra? ¿Cuándo fue sepultado Jesús? ¿Qué simbolismo nos da esto? (Respuesta: Él era nuestro "grano", nuestro pan, que había de salir de la tierra. Era como el pan sin levadura porque no tenía pecado, y fue sepultado, plantado, en la fiesta de los panes sin levadura.)

Algunos eruditos bíblicos creen que Jesús fue sepultado en la fiesta de los panes sin levadura para resaltar su propia naturaleza como el "pan de vida", que viene de la tierra. 1 Corintios 15:42-44 dice que nosotros, al igual que Jesús, somos plantados (morimos y somos sepultados), y levantados para una nueva vida. ¿De qué manera le ayuda esto a usted a entender la sepultura de Jesús? ¿De qué manera este entendimiento le da aliento?

c. La fiesta de las primicias (el domingo de ese año)

- Levítico 23:10-11. ¿Cuándo era la fiesta de las primicias? (Respuesta: La fiesta era una celebración del inicio de la cosecha del año; en este caso, la cosecha de cebada. La "primera parte" de todo lo que los israelitas habían recibido le era devuelto a Dios para indicar tres cosas: (1) su agradecimiento por la cosecha; (2) su reconocimiento de que Dios les había dado esos dones; y (3) su fe de que habría más porque le habían dado la primera parte a Dios. La fiesta de las primicias era un acto de fe de que, así como Dios le había dado a su pueblo la "primera parte", con seguridad le daría el resto.

- Éxodo 23:19; 34:26; Números 15:17-21; 18:12-13; Deuteronomio 26:1-11; Lucas 24:1-8. ¿Qué día de la semana y durante qué fiesta resucitó Jesús de entre los muertos?
- 1 Corintios 15:20-23. ¿Jesús se convirtió en las primicias de qué "cosecha" espiritual? (Respuesta: La de las personas que serían resucitadas de entre los muertos.) Si Jesús era las primicias, ¿cuál era la garantía? ¿De qué manera le ayuda a usted entender la fiesta de las primicias para comprender lo que Dios estaba haciendo en la resurrección de Jesús? ¿Qué significa la resurrección de Jesús para su vida diaria? ¿De qué manera le da consuelo? ¿De qué manera puede la resurrección de Jesús ayudarle a usted a tocar la vida de los demás? ¿Por qué cree usted que Dios planificó la resurrección para ese día?

d. Repaso

Note lo que Jesús hizo ese año.

Pascua	Jesús murió como el Cordero de Dios.
Fiesta de los panes sin levadura	Jesús fue enterrado como el trigo para que pudiera salir de la tierra y dar vida.
Fiesta de las primicias	Jesús resucitó como las primicias de Dios, la garantía de que los demás también lo harían.

Es asombroso darse cuenta de que las fiestas del Antiguo Testamento se practicaron durante 1.200 años antes que se convirtieran en lecciones objetivas para la obra de Jesús. Esto relaciona su obra con la comunidad judía del Antiguo Testamento, revela la planificación meticulosa de Dios, y nos ayuda a entender mejor lo que Jesús logró en la cruz.

La siguiente fiesta que se celebró ese año fue Shavuot (Pentecostés). Ese será el tema de la Lección 26.

4. Discusión dirigida: La piedra fue removida

Lea los siguientes pasajes y conteste las preguntas.

- Mateo 28:1-10; Marcos 16:1-8; Lucas 24:1-12; Juan 20:1-18. ¿Quiénes fueron al sepulcro buscando el cuerpo de Jesús? ¿Por qué se conmovieron tanto con lo que encontraron?
- Juan 20:9; Marcos 8:31; 9:31; 10:33-34; Lucas 18:32. ¿Por qué les fue tan difícil a los discípulos creer lo que había pasado? ¿Por qué la resurrección de Jesús es la opción más difícil de aceptar? ¿Por qué cree usted que es difícil para la gente de hoy en día aceptar la resurrección de Jesús?
- Mateo 28:1-6 (especialmente el versículo 6). La traducción del griego es: "Él ya ha resucitado". En otras palabras, Él resucitó antes que la piedra fuera removida, y antes del terremoto, que ocurrió cuando las mujeres fueron a la tumba.
- Efesios 1:18-20. Sabiendo qué poder fue el que resucitó a Jesús de entre los muertos, y sabiendo que no había piedra de sepulcro que pudiera obstaculizar su camino, ¿por qué cree usted que la piedra fue removida? (Respuesta: La piedra fue removida para que las mujeres y los discípulos pudieran ver dentro de la tumba y descubrieran que estaba vacía.) ¿Por qué necesitaban poder ver dentro del sepulcro?

Podemos descubrir la tumba vacía a través de la experiencia de los seguidores de Jesús. La piedra que sellaba la entrada ha sido removida para que podamos saber que Jesús, el Mesías, ha resucitado de entre los muertos. ¿Qué significaría (o significó) para usted ver el sepulcro vacío? ¿Qué efecto tiene en su vida la realidad de la resurrección? ¿Qué significa para usted que Jesús está vivo? ¿De qué manera le afecta eso a usted cada día?

Conclusión

En el tiempo de Jesús, un hombre y una mujer sellaban su compromiso matrimonial intercambiando una copa de vino. Si bien hay muchos otros significados involucrados en el hecho de que Jesús les dio la "copa" a sus discípulos, y nos la dio a nosotros, en un sentido, era una declaración de su amor por nosotros, y su invitación para que fuéramos su novia espiritual.

Lea los siguientes pasajes y conteste las preguntas.
- Lucas 22:20; Marcos 2:19-20; Apocalipsis 19:7-9; 2 Corintios 11:2

1. ¿De qué manera le ayuda a usted entender el amor de Jesús el pensar en Él como en el perfecto esposo espiritual?
2. ¿Qué demanda este compromiso de nosotros hasta que veamos a Jesús cara a cara?
3. La novia aceptaba la copa de su futuro esposo como señal de su compromiso con él para toda la vida. ¿De qué manera Jesús ha demostrado su amor por usted? ¿Ha visto usted en su vida el cumplimiento del compromiso del Señor?
4. ¿Cómo ha indicado usted su compromiso total con Jesús, quien quiere estar "comprometido en matrimonio" con usted?
5. ¿De qué manera le ha sido usted fiel a Jesús? ¿Infiel?

Dedique unos momentos a la oración, pidiéndole a Dios que le ayude a aceptar su oferta de amor, y a estar totalmente comprometido con Él.

Lección 25
Hoja de trabajo No. 1

UN SEPULCRO NUEVO

El ritual funerario era considerado algo muy importante en todas las épocas de la Biblia. Jesús, al compartir totalmente nuestra humanidad (Hebreos 2:14) también recibió un funeral típico, aunque apresurado. El entender las costumbres y prácticas fúnebres de Israel en el primer siglo nos puede ayudar a comprender la experiencia de Jesús, y puede poner de relieve para nosotros el compromiso de aquellos que proveyeron un sepulcro apropiado para Él.

LA SEPULTURA EN TIEMPOS DEL ANTIGUO TESTAMENTO

El Antiguo Testamento indica claramente la importancia de una sepultura apropiada. Abraham invirtió una gran suma de dinero para comprar una tumba para su familia (Génesis 23:1-20). Sus hijos y sus nietos fueron sepultados en la misma tumba familiar (Génesis 49:30-31). Aunque se sabe muy poco acerca de las costumbres fúnebres específicas de los israelitas (parecen haber sido muy sencillas, por ejemplo, sólo unos cuantos artículos tales como alfarería, vestimenta, armas, joyas, eran enterrados con los muertos, en fuerte contraste, por ejemplo, con los egipcios), muchas de las biografías bíblicas típicas concluyen mencionando la sepultura de las personas, indicando así que la sepultura era parte importante de la vida (1 Reyes 2:10; 11:43; 2 Reyes 21:18; 2 Crónicas 26:23).

Se consideraba importante enterrar a alguien cerca de su propio hogar o de su propia familia (Génesis 49:29; 50:25; 2 Samuel 19:37). Generalmente, las tumbas eran labradas en la roca en las afueras del pueblo donde la gente vivía (probablemente para que los vivos pudieran evitar ser contaminados por los muertos; Números 5:1-3). Las familias eran enterradas en las mismas tumbas por generaciones. Los restos de aquellos que habían muerto antes, eran cuidadosamente apilados en una parte del sepulcro para hacer lugar para los muertos más recientes. Probablemente ésta es la razón para la expresión: "Y durmió con sus padres" (1 Reyes 2;10, 11:43; Génesis 47:30; 2 Crónicas 12:16) utilizada para describir que alguien había muerto y había sido sepultado.

Aparentemente, se sepultaba a la persona enseguida de haber muerto, tal vez el mismo día (Deuteronomio 21:23). Una señal del juicio de Dios sobre una persona era que su cuerpo no fuera sepultado (Deuteronomio 28:26; 1 Reyes 14:10-14; 21:23; 2 Reyes 9:34-37). Aunque poco se trata en la Biblia acerca de la creencia de las personas en la resurrección, la importancia de la sepultura para ellas indica claramente que creían que la vida continuaba después de la muerte (Job 19:25-26).

COSTUMBRES FÚNEBRES DEL PRIMER SIGLO

Los israelitas comenzaron a hacer uso de nuevas prácticas fúnebres en el primer siglo después de Cristo. Las tumbas seguían siendo cavadas en la roca alrededor de las ciudades (por ejemplo, Jerusalén), tal como se habían hecho por generaciones. Pero, por lo general, las tumbas nuevas tenían dos cámaras. Había una cámara exterior donde el cuerpo podía ser colocado a fin de prepararlo para su sepultura. Esta cámara pudo incluso haber servido como un lugar para llorar a los que recién habían muerto. Una segunda cámara interior proveía lugar para la sepultura en sí. Muchas tumbas tenían un número de estantes, o nichos, cortados en la roca (*kokhim* en hebreo).

Luego que la carne había desaparecido de los huesos, éstos a menudo se recogían y se colocaban en una caja pequeña, generalmente hecha de piedra pulida, llamada osario. Por lo general, estas cajas tenían 50 centímetros de largo, 30 centímetros de alto, y 30 centímetros de ancho. En algunos casos, estaban decoradas con diseños geométricos. El osario era colocado en un pequeño nicho cavado en la roca a un lado de la cámara. Con el tiempo, varias personas de la misma familia serían colocadas en el mismo osario. En muchos casos, el nombre de la familia se grababa en uno de sus lados. Ocasionalmente, se incluían detalles adicionales, tales como los logros o la posición de la persona.

Recientes descubrimientos arqueológicos han incluido algunos osarios. Uno de éstos había sido grabado con las palabras "Simón, constructor del templo", aparentemente por la familia de alguien que había trabajado en el templo de Herodes. El descubrimiento reciente más significativo se realizó en 1990. Accidentalmente, unos obreros de construcción abrieron una tumba del primer siglo. Ubicada en una zona al sur de la ciudad de Jerusalén, la tumba es una de las muchas que han sido encontradas en ese lugar. También se encontraron varios osarios, todos hechos de piedra y algunos muy decorados. Las inscripciones indican que pertenecieron a la familia de Caifa (Caifás en griego).

En uno de los osarios decorados se encontró el nombre de José Bar Caifa, el nombre completo del sumo sacerdote que tramó la muerte de Jesús (Juan 11:49-51; Mateo 26:57-66). Dentro estaban los restos de varias personas, incluyendo una mujer adulta, un niño, dos bebés y un varón adulto de aproximadamente 60 años de edad. Si bien no es posible una identificación exacta de las personas, los eruditos bíblicos creen que la tumba, el osario, y los restos del varón adulto pertenecen al sumo sacerdote Caifás. El hecho de que haya restos en su tumba, mientras que el sepulcro de Jesús (aun cuando éste nunca ha sido identificado de manera concluyente) está vacío, nos puede ayudar a ilustrar la verdadera naturaleza del conflicto entre ambos.

Nadie sabe por qué se inició la práctica de usar osarios en el tiempo de Jesús. Algunos creen que la opinión de los fariseos, de que el pecado es de la "carne", los llevó a adoptar una práctica en la que, al desaparecer la "carne", los huesos fueran recogidos para la resurrección venidera (Romanos 7:24; 1 Corintios 15:50). Otros creen que la influencia de la doctrina de los fariseos de la resurrección del cuerpo llevó a recoger los huesos para ser preservados para aquel día (Marcos 12:18-27).

Cuando alguien moría, su cuerpo era colocado en la cámara exterior del sepulcro y era preparado con diversas especias y perfumes. Durante ese tiempo, tenían lugar las ceremonias de duelo. Luego que el cuerpo había sido colocado cuidadosamente en uno de los nichos alrededor de la cámara, el sepulcro era sellado con una gran piedra en forma de disco que rodaba sobre un canal delante de él. El sepulcro permanecía cerrado hasta que la familia volvía a juntar los huesos o a sepultar a otro miembro de la familia. La tumba de Jesús fue sellada antes que el cuerpo fuera preparado (Mateo 27:57-66), y Jesús resucitó antes que sus amigos regresaran a terminar el entierro (Mateo 28:1-6).

UN REGALO COSTOSO

Sólo los ricos podían darse el lujo de tener grandes tumbas cavadas en la roca. Sus familias eran sepultadas en estas tumbas por años (algunas veces siglos). La tumba que José de Arimatea proveyó para Jesús era una de éstas (Mateo 27:59-60; Lucas 23:53; Juan 19:41). La piedra era tan grande que las mujeres temían no poder abrirla. (Marcos 16:1-3). Una piedra de este tamaño se encontraría en el sepulcro de un hombre rico.

La tumba de José también era nueva (Mateo 27:60). Aparentemente, la ley judía establecía que se podían vender las tumbas nuevas, pero no las usadas. Una vez que una familia había usado un sepulcro, sólo los miembros de esa familia podían ser sepultados en él. Considerando el costo de la propiedad cerca de Jerusalén, y de un sepulcro como ése labrado en la roca, el regalo de José a Jesús fue muy generoso. La disposición con que ofreció su tumba para la sepultura de Jesús nos muestra la medida de su devoción hacia Él. También cumplió la profecía de que Jesús sería sepultado "con los ricos" (Isaías 53:9).

Lección 26

Poder para todos

Pocos son los eventos más conocidos para los cristianos que el del don de Dios del Espíritu Santo en Pentecostés. Sin embargo, pocos son los cristianos que están conscientes de lo que era (y es) la fiesta judía de Pentecostés instituida por Dios a través de Moisés más de 1.200 años antes de su cumplimiento cristiano. Las prácticas judías, las descritas en la Biblia y las instituidas en la cultura, proveyeron el trasfondo para los eventos en la iglesia primitiva. Entender la historia de la fiesta hace que su cumplimiento cristiano sea más vívido y personal, y le plantea un gran desafío a llevar la presencia de Dios a un mundo que necesita conocerlo.

Este estudio explora el trasfondo judío de Hechos 2 y de la historia de Pentecostés. Es necesario que usted entienda que la intención de este enfoque no es la de disminuir el significado de Pentecostés que los cristianos siempre han enfatizado, o sea el milagro de las lenguas, los dones del Espíritu y la predicación llena de poder de Pedro. La intención es añadir un elemento, la tradición judía, para hacer su significado aun más vívido.

¿Qué es Pentecostés? Tiene su origen en el Antiguo Testamento. ¿Cuándo comenzó? ¿De qué manera se relacionó con la historia en el Nuevo Testamento? Su emoción crecerá a medida que descubra que se va incluyendo riqueza adicional a la historia de Pentecostés, que tal vez no haya conocido. Quiera Dios que usted se convierta en testigo de Jesús para el mundo.

Sus objetivos para esta lección

Al terminar esta sección, usted querrá:

Saber/entender

1. El lugar de los eventos que ocurrieron en Pentecostés, en Hechos 2.
2. El propósito y las prácticas de la fiesta judía de Pentecostés, y su relación con la venida del Espíritu Santo.
3. El significado del simbolismo de la historia de Pentecostés.
4. Que el cuidado de los necesitados es un elemento fundamental para experimentar Pentecostés.
5. Que Pentecostés le dio poder (y todavía le da poder) a la comunidad de Jesús porque involucraba la misma presencia de Dios.
6. El bello paralelo entre la historia de Hechos 2 y la entrega de la ley en el Monte Sinaí.
7. Cómo la obra de Jesús fue simbolizada en las fiestas de la Tora.

Para hacer

1. Reconozca el llamado a ser un testigo de Dios, con el poder que le da su Espíritu.
2. Elija al menos una persona que necesite a Jesús, y haga planes para alcanzarla.
3. Inspírese para expresar su aprecio por Dios y por la decisión que Él tomó de vivir entre su pueblo y entre su comunidad, la iglesia.

Cómo planificar esta lección

Debido al volumen del material en esta lección, tal vez usted necesite dividirla en varias sesiones. Para ayudarle a determinar cómo hacerlo, la lección ha sido dividida en varios segmentos. Note que el

Lección 26

tiempo que necesite probablemente variará considerablemente, dependiendo en elementos tales como el profesor, el tamaño de la clase, y el nivel de interés de los alumnos.

Si usted desea dar toda la lección en una sesión, deberá completar la Unidad Uno que trata los puntos principales del video, pero sin profundizar mucho. Si desea profundizar más en cualquiera de los puntos dentro de la Unidad Uno, éstos se tratan de manera más completa en el resto del material.

Cómo prepararse para esta lección

Materiales necesarios

- Mapas/diagramas: "Los distritos de Jerusalén", "El mundo romano", "La tierra en tiempos del ministerio de Jesús", "Topografía de Jerusalén", "La Jerusalén de David y de Salomón", "Desarrollo del monte del templo", "La Jerusalén del tiempo de Jesús", "El monte del templo: 70 d.C." y "Los patios del templo"
- Ilustraciones: "Los distritos de Jerusalén", "El mundo romano", "La tierra en tiempos del ministerio de Jesús", "Cronología del Nuevo Testamento", "Topografía de Jerusalén", "La Jerusalén de David y de Salomón", "Desarrollo del monte del templo", "La Jerusalén del tiempo de Jesús", "El monte del templo: 70 d.C." y "Los patios del templo"
- Hoja de trabajo: "El templo del Espíritu"
- Video: Poder para todos
- Televisor, videocasetera

    1. Prepare los mapas/diagramas mencionados.
    2. Prepare las ilustraciones mencionadas. (Las encontrará en la parte de atrás de este libro.)
    3. Prepare la hoja de trabajo mencionada. (Si es posible, debe leerla antes de la lección.)
    4. Repase la geografía de las tierras de la Biblia, de la "Introducción".
    5. Determine qué pasos y qué secciones de "Un estudio más a fondo" quiere utilizar en su sesión o sesiones, si es que quiere usar alguna. NOTA: Estas secciones no son necesariamente consecutivas y pueden utilizarse de manera independiente (por ejemplo, tal vez usted quiera usar Un estudio más a fondo III, pero no Un estudio más a fondo I, ni Un estudio más a fondo II).
    6. Prepare su salón de clases con anticipación.

Plan de la lección

UNIDAD UNO: Repaso del video

1. Comentarios introductorios

En el contexto que Dios escogió, la historia de Pentecostés adquiere gran significado para la iglesia de Jesús. No sólo el Espíritu es el nuevo maestro de los creyentes, sino que Dios también ha decidido vivir en el templo de la nueva comunidad, para que el mundo lo conozca a través de los miembros de dicha comunidad. Este estudio explora la historia de Pentecostés en su contexto.

2. Muestre el video: Poder para todos

3. Estudio de mapas: Las gradas del sur

PAUTA: *Comience este estudio de mapas repasando la geografía de toda la ciudad, hasta llegar al lugar del que trata esta lección que son las gradas del sur.*

Utilizando la ilustración "Los distritos de Jerusalén", fíjese en los siguientes lugares, y ubíquelos en su diagrama.
- la ciudad de David
- el Valle de Cedrón
- el Monte de los Olivos
- el Valle de Tiropeón
- el monte del templo
- las gradas del sur (Aquí es donde se filmó el video para esta lección. Algunos creen que el cumplimiento de Pentecostés tuvo lugar aquí. Otros piensan que este evento ocurrió en algún otro lugar, por ejemplo, en el monte del templo.)
- el templo

4. Discusión dirigida: Pentecostés en el templo

La fiesta de Pentecostés se originó con la revelación de Dios a Moisés en el Monte Sinaí. El pueblo judío había celebrado este festival por más de 1.200 años antes que el Espíritu de Dios cayera sobre los discípulos. Las instrucciones originales para Pentecostés se dan en los siguientes pasajes:

a. Lea Levítico 23:15-22; Deuteronomio 16:16.

   Basándose en el material bíblico:
   - Esta fiesta fue llamada la fiesta de las semanas (Shavuot en hebreo), o Pentecostés, que significa "50 días", porque tenía lugar 50 días después de la Pascua.
   - Esta era una de las tres fiestas en la que todos los hombres debían ir al templo en Jerusalén.
   - La fiesta de las semanas celebraba el final de la cosecha de trigo, durante el tercer mes.

   Basándose en la tradición judía:
   - La fiesta celebraba la entrega de la Tora (la ley) en el Monte Sinaí.
   - Éxodo 19:1 indicaba que los israelitas llegaron al Monte Sinaí en el tercer mes, el mes de Pentecostés.
   - Las lecturas en el templo en este día eran Éxodo 19-20 y Ezequiel 1-2.
   - La lectura de Éxodo era la historia de los diez mandamientos, y la lectura de Ezequiel describía la visión de una teofanía ardiente (aparición de Dios).

b. Lea Lucas 24:50-53; Hechos 2:1-15.

   1. ¿Qué hicieron los discípulos después de la resurrección de Jesús?

Lección 26

2. ¿Dónde estarían en un día santo (Pentecostés)?
3. ¿A qué cree usted que se refería el término "la casa"? (Note que a menudo se hace referencia al templo como "la casa". Vea también Hechos 7:47.)
4. ¿A qué hora vino el Espíritu Santo sobre los discípulos (Note que el servicio del templo en Pentecostés ocurría después del sacrificio de la mañana, alrededor de las 9:00 a.m.)
5. ¿Por qué había allí tantas personas de diversos trasfondos?

c. Recuerde que la multitud entendía a Pentecostés como la celebración de la entrega de la Tora en el Monte Sinaí. Compare los siguientes pasajes y conteste las preguntas.
- Hechos 2:1-3; Éxodo 19:16-19

1. ¿En qué se parecen estos dos eventos?
- Hechos 2:38-41; Éxodo 32:1-4, 19-20, 27-28: Debido a su pecado, alrededor de 3.000 personas murieron cuando Moisés recibió la Tora. Debido a su arrepentimiento, alrededor de 3.000 se convirtieron cuando vino el Espíritu.

1. ¿De qué manera estas comparaciones le ayudan a usted a entender la cuidadosa planificación de Dios de la obra de redención para cumplir el Antiguo Testamento?
- 2 Crónicas 5:7-8, 13-14

1. ¿Dónde estaba la presencia de Dios para el pueblo de Israel del Antiguo Testamento?
- Hechos 2:1-4: La "casa" (probablemente el templo) fue llena con el sonido del viento, y fuego se asentó sobre los discípulos.

1. ¿Dónde estaba la presencia de Dios antes de Pentecostés?
2. ¿Dónde estuvo después del cumplimiento?
- 1 Corintios 3:16-17; 6:19

1. ¿Dónde está la presencia de Dios hoy?
2. ¿Qué significa para la vida de usted ser la presencia de Dios para otras personas? ¿De qué manera puede hacer eso por su familia? ¿Por sus amigos? ¿Por su comunidad?
- Hechos 1:8; 4:33: Dios le dio su poder a su pueblo.

1. ¿Cuál es la responsabilidad de los que tienen el Espíritu de Dios?
2. ¿Qué significa para usted saber que no hay poder más grande que la presencia de Dios?
3. ¿Cómo puede usted obtener el poder de Dios? ¿Cómo puede ser su testigo?
4. ¿De qué manera puede usted ser para su mundo, lo que el templo era para el mundo del Antiguo Testamento?
5. Piense en alguien que le ayude a ver la presencia de Dios. ¿De qué manera es esa persona un testigo de Dios?
- Levítico 23:16-17; Mateo 9:37-38: Pentecostés (las semanas) era la fiesta que celebraba la cosecha del trigo.

1. ¿Cuáles son algunas de las similitudes entre el cumplimiento de Pentecostés y la cosecha?
2. ¿De qué manera es usted parte de la cosecha? Si tiene el Espíritu de Dios, también tiene el encargo de traer la cosecha. ¿Cómo puede hacer eso?
- Levítico 23:22; Hechos 2:44-46: Pentecostés (las semanas) era una fiesta de acción de gracias. La evidencia del agradecimiento era cuidar de los que estaban en necesidad. El cumplimiento de Pentecostés no fue diferente. Una marca de la experiencia del Espíritu en Pentecostés fue la preocupación por los que están en necesidad.

1. ¿Qué significa cuando alguien afirma tener el Espíritu de Dios y no se preocupa por los que están en necesidad?
2. ¿De qué manera el trasfondo del Antiguo Testamento para esta fiesta hace imposible que las personas llenas del Espíritu no se preocupen por otras personas en necesidad?
3. ¿Conoce usted a algún cristiano que verdaderamente se preocupa por los que están en necesidad? Dé algunos ejemplos.
4. ¿Qué clase de necesidades debemos preocuparnos de satisfacer para otras personas?
5. ¿Por quiénes debe usted mostrar mayor preocupación? ¿Cómo podría hacerlo?

5. Conclusión

Celebrar Pentecostés significaba ir al templo (a la presencia de Dios), llevando los primeros frutos de la cosecha, y mostrando preocupación por los pobres. El Espíritu Santo obró un gran milagro el día de Pentecostés para la nueva comunidad de Jesús. La presencia de Dios entró en un nuevo "templo": la comunidad de creyentes. La primera parte de una gran cosecha (3.000 creyentes) fue traída a la iglesia. Una vez que la comunidad hubo verdaderamente experimentado Pentecostés, inmediatamente empezó a preocuparse por los pobres.

Nosotros estamos llamados a ser cristianos de Pentecostés. Debemos pedirle a Dios que viva en nosotros para que nos convirtamos en testigos de su presencia en el mundo. Debemos traer la cosecha presentándoles a Dios y su amor a otras personas. Debemos demostrar que estamos llenos del Espíritu mostrando compasión por los que están en necesidad.

6. Oración

Dedique unos momentos a la oración. Pídale a Dios que viva en su corazón, en su vida, en su iglesia. Pídale que le dé el deseo de ser su testigo y que lo llene con una sensación de poder. Pídale que le dé un espíritu compasivo y sensible a los que están en necesidad.

UNIDAD DOS

Paso Uno: "Pentecostés en Jerusalén"

1. Introducción: El contexto de Pentecostés

El Espíritu Santo les dio poder a los primeros creyentes en la celebración de una fiesta judía (en hebreo, Shavuot; llamada la fiesta de las semanas en griego o Pentecostés en castellano) que se había celebrado por 1.200 años. Los eventos de tal cumplimiento son dramáticos. Siguiendo la típica costumbre judía, también proveyeron imágenes vívidas de su significado. La ubicación de la historia de Hechos 2 no puede determinarse completamente. Sin embargo, claramente se relacionaba con el templo y con sus patios. Este estudio explora la ciudad de Jerusalén y el monte del templo en relación con los peregrinos que fueron a celebrar Pentecostés ese año crucial.

2. Estudio de mapas: Jerusalén y las gradas del sur

PAUTA: *Comience este estudio de mapas repasando la geografía de la región en general, hasta llegar a los lugares de los que trata esta lección que son Jerusalén y las gradas del sur.*

Utilizando la ilustración "El mundo romano", fíjese en los siguientes lugares, y ubíquelos en su mapa.
- Roma
- el Mar Mediterráneo
- Egipto
- Judea
- Cesarea
- el Imperio Parto
- Capadocia
- Cirene

Utilizando la ilustración "La tierra en tiempos del ministerio de Jesús", fíjese en los siguientes lugares, y ubíquelos en su mapa.
- Belén
- Jerusalén

Lección 26

  Nazaret
  Capernaum
  Galilea
  el Mar de Galilea

Utilizando la ilustración "Los distritos de Jerusalén", fíjese en los siguientes lugares, y ubíquelos en su diagrama.

  la ciudad de David
  el Valle de Cedrón
  el Monte de los Olivos
  el Valle de Tiropeón
  el monte del templo
  las gradas del sur

3. **Repase la ilustración "Cronología del Nuevo Testamento"**

   Utilice la ilustración "Cronología del Nuevo Testamento", y señale las siguientes fechas:

586 a.C.	Cautiverio babilonio de Judá
500 a.C.	Regreso a Israel
37 a.C.	Comienza el reinado de Herodes
4 a.C.	Muerte de Herodes
6 a.C.	Nacimiento de Jesús
27-30 d.C.	Ministerio de Jesús
30 d.C.	Jesús es crucificado
66-73 d.C.	Primera revuelta judía contra Roma
70 d.C.	La destrucción de Jerusalén y del templo

   Tome note de la siguiente información.
   - No todos los judíos regresaron luego del cautiverio; muchos permanecieron en las tierras a las que habían sido exiliados o a las que habían huido.
   - El Pentecostés en el que el Espíritu fue derramado ocurrió aproximadamente en el año 30 d.C.

4. **Muestre el video: Poder para todos**

5. **Discusión dirigida: Los peregrinos de Pentecostés van al templo**

   a. Introducción

   Las características físicas de Jerusalén y del monte del templo son importantes para entender los eventos de Pentecostés. Esta sección comienza con la información general hasta llegar al lugar específico de nuestro estudio de Pentecostés. NOTA: La información que sigue fue tomada de la Lección 22.

   b. Topografía de la ciudad de David y del monte del templo

      1. La ciudad de David

PAUTA: *Si tiene libros anteriores de este estudio, tal vez desee utilizar las ilustraciones 46 ("La cueva del manantial de Gihón"), 47 ("El túnel de agua de Ezequías"), y 48 ("El punto intermedio en el túnel de agua de Ezequías donde los trabajadores se encontraron"), y sus respectivas descripciones, en el Volumen 3, y la ilustración 128 ("La Jerusalén moderna vista desde el sur") en el Volumen 9 para complementar esta sección.*

Utilizando la ilustración "Topografía de Jerusalén", fíjese en los siguientes lugares, y ubíquelos en su mapa.

  el Valle de Cedrón
  la ciudad de David
  el monte del templo
  el Valle de Tiropeón

el manantial de Gihón
el túnel de Ezequías

Explique los siguientes puntos:
- La Jerusalén de David era una franja angosta de tierra, el Monte Moriah, compuesta de unas tres y media a cuatro hectáreas, y con una población de alrededor de 1.500 personas.
- El Monte Moriah estaba defendido naturalmente por el Valle de Cedrón en el este, y el Valle de Tiropeón en el oeste.
- El manantial de Gihón era una excelente fuente de agua para esta zona, una de las principales razones por la que la ciudad se ubicaba en este lugar.
- Esta parte de la ciudad originalmente se llamaba Sion.
- Salomón amplió la ciudad hacia el norte en la cadena llamada Monte Moriah, para construir el templo a Yavé. Este primer templo, el templo que reconstruyó Nehemías y el templo de Herodes estuvieron todos exactamente en el mismo lugar.
- Ezequías amplió la ciudad cruzando el Valle de Tiropeón hacia la colina oeste. Comisionó la construcción de un túnel desde el manantial de Gihón, debajo de la ciudad de David, hasta el estanque de Siloé.

Conexión bíblica

Utilice los siguientes pasajes para ver cómo la ciudad de David se relaciona con las Escrituras.

>Génesis 22:1, 2, 14: Abraham llevó a Isaac al Monte Moriah para sacrificarlo.
>2 Samuel 5:6-12: David conquistó Jerusalén y la hizo su capital política.
>2 Samuel 6:12-19: David llevó el arca a Jerusalén, y la ciudad se convirtió en el centro religioso de Israel.
>2 Samuel 24:1, 16, 18-25: David compró la era de Arauna, la cual se convirtió en la futura ubicación del templo.
>2 Crónicas 3:1-2: Salomón construyó el templo en el Monte Moriah, el monte del templo.

PAUTA: *Vea las ilustraciones 128 ("La Jerusalén moderna vista desde el sur"), 136 ("La Jerusalén antigua vista desde el sur"), y 137 ("La ciudad alta").*

Esta era la Jerusalén del tiempo de David. En los días de Jesús, la ciudad de David era el hogar de muchos judíos (al igual que la ciudad baja).

Utilizando la ilustración "Los distritos de Jerusalén", fíjese en los siguientes lugares, y ubíquelos en sus diagramas:

>la ciudad de David
>las gradas del sur
>el manantial de Gihón

Conexión bíblica

Utilice los siguientes pasajes para ver cómo la ciudad de David se relaciona con las Escrituras.

>2 Reyes 20:20
>2 Crónicas 32:30: Ezequías construyó un túnel a través de la ciudad de David hasta el Valle de Tiropeón para llevar agua a Jerusalén.

PAUTA: *Tal vez desee referirse a las ilustraciones y estudiar los materiales en la Lección 7 para mayor información sobre este tema.*

2. La plataforma del templo

PAUTA: *Vea las ilustraciones 131 ("El muro occidental"), 133 ("Las gradas del sur"), 136 ("La Jerusalén antigua vista desde el sur"), y 137 ("La ciudad alta").*

Con la dirección de Dios, David eligió un área plana (una era) en el Monte Moriah y, posteriormente, Salomón construyó el templo allí. Aparentemente, esta era, donde David había construido un altar, era lo suficientemente grande para el templo y para sus patios.

Lección 26

a. **Ubicación.** Utilice la ilustración "La Jerusalén de David y de Salomón", y señale la ubicación del monte del templo en el tiempo de David. No se han encontrado restos definitivos de este lugar. Los templos en el mundo antiguo se construían dentro de áreas sagradas, generalmente en los puntos más altos de sus regiones. El templo de Salomón no fue la excepción: El área sagrada estaba en el punto más alto de la cadena.

Conexión bíblica

Utilice el siguiente pasaje para estudiar cómo el desarrollo del monte del templo se relaciona con las Escrituras.

2 Crónicas 3:1

Muy poco se sabe de cualquier cambio ocurrido en el monte del templo después del tiempo de Esdras y de Nehemías. Se asume que al reconstruir el templo, ellos trabajaron dentro de los límites originales del templo de Salomón.

b. **Ampliación asmonea.** Utilice la ilustración "Desarrollo del monte del templo", y muestre la ampliación de los asmoneos, destacando la siguiente información:

- El cuadrado original del monte del templo fue construido para proveer un área plana en la parte superior de la montaña. No se han encontrado restos de esta estructura.
- La ampliación asmonea se encuentra en el lado derecho de la ilustración. (Note los túneles que proveen acceso al monte.)

c. **La ampliación de Herodes.** Utilice la ilustración "Desarrollo del monte del templo", y muestre la ampliación de esta área por Herodes, destacando la siguiente información:

- La extensión hacia el sur incluía túneles.
- La extensión hacia el oeste en el Valle de Tiropeón demandó la construcción de enormes muros de contención tanto en el sur como en el oeste.
- La Antonia fue construida sobre una roca plana.
- El muro oriental siguió la línea original desde tiempos de Salomón, de Esdras y de los asmoneos.
- La base para este templo fue la más grande en el mundo antiguo. Una pequeña sección de ésta, ubicada entre la Puerta de Barclay y el Arco de Wilson, es el llamado muro occidental, o muro de las lamentaciones.
- Los muros de contención de este monte contienen enormes piedras, cada una de las cuales pesa más de 500 toneladas. La plataforma del templo tenía más de 270 metros de ancho y 360 metros de largo.

3. El monte del templo

PAUTA: *Vea las ilustraciones 133 ("Las gradas del sur"), 134 ("Escenas de las gradas del sur"), 136 ("La Jerusalén antigua vista desde el sur"), y 142 ("Escenas de la ciudad del tiempo de Jesús").*

Utilizando las ilustraciones "La Jerusalén del tiempo de Jesús" y "El monte del templo: 70 d.C.", fíjese en las siguientes estructuras y lugares, y ubíquelos en su mapa/diagramas.

    las gradas del sur
    el muro sur
    el pórtico real
    la abertura de los túneles de entrada en el piso del monte del templo

Utilizando la ilustración "El monte del templo: 70 d.C.", fíjese en los siguientes lugares, y ubíquelos en sus diagramas.

    las puertas dobles (también llamadas las Puertas de Hulda, que eran la entrada para los peregrinos)
    las puertas triples (probablemente una entrada para los sacerdotes)
    los baños rituales
    la plaza

Este muro sur es probablemente el más impresionante de todos los muros del monte del templo. Tiene más de 270 metros de largo y más de 45 metros de alto. Los peregrinos (incluyendo a Jesús y a los discípulos) ingresaban al templo principalmente a través de esta entrada luego de lavarse en un baño ritual llamado *mikvé* (plural, *mikvot*). En los días de las fiestas (Pascua, Pentecostés y Sucot), literalmente cientos de miles de personas subían por las gradas del sur hacia los patios del templo. Es probable que los eventos del Pentecostés del Nuevo Testamento ocurrieran aquí o cerca de este lugar.

Conexión bíblica

Estudie el siguiente pasaje para ver cómo el muro sur se relaciona con las Escrituras.

Hechos 2

PAUTA: *Vea las ilustraciones 140 ("El monte del templo"), y 141 ("El templo").*

La plataforma del templo era enorme. Tenía más de 270 metros de ancho de este a oeste (aproximadamente 280 metros en el extremo sur, y aproximadamente 300 metros en el extremo norte), y más de 450 metros de largo de norte a sur (aproximadamente 460 metros en el extremo este, y aproximadamente 480 metros en el extremo oeste). Era, sin lugar a dudas, el área de templo más grande en el mundo antiguo. Cientos de miles de peregrinos podían estar en el monte al mismo tiempo. (Josefo afirmaba que los peregrinos para la Pascua sobrepasaban a los dos millones de personas.) Herodes capacitó a 1.000 sacerdotes como albañiles para que trabajaran en el templo. Diez mil trabajadores altamente calificados, utilizando 1.000 vagones de carga trabajaron durante años en su construcción. La plataforma terminada fue dividida en patios separados, los cuales eran más sagrados a medida que se acercaban más al templo mismo. Este estudio comienza con los patios en el borde externo de la plataforma y gradualmente se acerca al templo mismo.

Utilizando las ilustraciones "Los patios del templo" y "El monte del templo: 70 d.C.", fíjese en los siguientes lugares, y ubíquelos en sus diagramas.

- el templo
- el patio de los gentiles
- el pórtico real
- el pórtico de Salomón
- el patio de los sacerdotes
- el patio de los israelitas
- el patio de las mujeres
- las gradas del sur

Repase el material a continuación.

El patio de los gentiles era el gran espacio abierto alrededor de los patios sagrados del templo. Cualquiera podía entrar en esta área. La intención era que este patio también debía ser un lugar de oración para los gentiles.

Ubique la columnata alrededor del borde exterior del patio. En tres de sus lados, la columnata tenía casi 14 metros de ancho y 12 metros de alto. Tenía un techo plano que descansaba sobre el muro exterior en un borde, y en dos hileras de enormes columnas en el otro. Esta columnata le daba gran esplendor al monte y también proveía un lugar para la enseñanza y las reuniones.

Ubique el pórtico de Salomón. Aparentemente, ésta era la más antigua de las columnatas. Josefo la atribuía a Salomón, aunque probablemente no era tan antigua. Esta columnata a menudo proveía un lugar de reunión. Era un punto de enseñanza favorito de Jesús, y el lugar donde la iglesia primitiva se reunía.

Conexión bíblica

Utilice los siguientes pasajes para ver cómo los patios del templo, y en especial el pórtico de Salomón, se relacionan con las Escrituras.

- Mateo 26:55; Marcos 11:27; 12:35; Lucas 2:46; 20:1; Juan 7:14; 8:2: Jesús enseñaba con regularidad en los patios del templo, que con mayor probabilidad eran las áreas debajo de la columnata en el este, en el oeste, o en el norte.
- Hechos 2:46; 5:20-21, 42: Los primeros cristianos, casi todos judíos, se reunían con regularidad en los patios del templo, con mayor probabilidad en este mismo lugar debajo de la columnata.
- Juan 10:22-23: Jesús confrontó a la multitud con su mensaje en el pórtico de Salomón.

Hechos 3:1-16: Pedro sanó a un hombre en la puerta llamada la Hermosa (la entrada al patio de las mujeres, exactamente al oeste del pórtico de Salomón), y una multitud vino a escuchar su enseñanza en el pórtico de Salomón.

Hechos 5:12-14: Los primeros creyentes se reunían con regularidad en el pórtico de Salomón, y el grupo creció rápidamente.

Conteste las siguientes preguntas:

1. ¿Qué podemos aprender del hecho de que los primeros cristianos se reunían en los patios del templo?

2. ¿Por qué habría venido Jesús a enseñar aquí? (Posibles respuestas: Había grandes multitudes, las personas buscaban a Dios aquí, el templo simbolizaba la presencia de Dios, Jesús cumpliría los medios de perdón que la gente estaba buscando en el templo, el pueblo de Dios estaba aquí.) NOTA: Piense en otras razones. Jesús, los discípulos y la iglesia primitiva centralizaban su enseñanza en los patios del templo. Nunca debemos olvidar nuestras raíces judías ni dejar de compartir a Jesús con los judíos.

3. ¿Qué lección puede encontrarse en el hecho de que se le llamaba el pórtico de Salomón?

OPCIONAL: Un estudio más a fondo I: Las gradas del sur

Vea las ilustraciones 128 ("La Jerusalén moderna vista desde el sur"), 133 ("Las gradas del sur"), 134 ("Escenas de las gradas del sur"), 136 ("La Jerusalén antigua vista desde el sur"), y 140 ("El monte del templo"), y sus respectivas descripciones, en la Lección 22.

Paso Dos: "El cumplimiento de Pentecostés"

1. Comentarios introductorios

Hay una verdad significativa cuando se afirma que "Pentecostés es el cumpleaños de la iglesia." En este día, la nueva comunidad de seguidores de Jesús recibió poder, y comenzó su misión de llevar el reino de Dios al mundo. Pero esta declaración también es una simplificación excesiva. Pentecostés no fue un hecho histórico o cultural aislado. Tome nota de los siguientes detalles.

- Pentecostés era un festival, dado por Dios a Israel en el tiempo de Moisés.
- Se había estado celebrando por más de 1.200 años cuando ocurrió el cumplimiento que Dios había prometido.
- Era una de las tres fiestas en las que se requería que el pueblo judío fuera a Jerusalén.
- Mucho del simbolismo del cumplimiento de Pentecostés encuentra su significado en la experiencia judía de la Biblia hebrea (el Antiguo Testamento).

Este estudio investigará el cumplimiento de Pentecostés en el contexto que Dios creó para él. La importancia que tiene para todos los cristianos aumentará a medida que el Espíritu de Dios siga morando en su comunidad, la iglesia.

Lea la hoja de trabajo "Templo del Espíritu" antes de comenzar este estudio.

2. La fiesta judía de Shavuot (Pentecostés)

a. Trasfondo en el Antiguo Testamento

Lea Levítico 23:15-22; Números 28:26-31; Deuteronomio 16:9-12. Luego tome nota de la siguiente información.

- Esta celebración se llamaba la fiesta de las semanas. Era la fiesta de la cosecha.

- La fiesta de las semanas se celebraba 50 días después de la Pascua (Levítico 23:16). Debido a esto, se llamaba Pentecostés, por la palabra griega que significa "50 días" (Hechos 2:1). Esto hacía que la fiesta se celebrara en el tercer mes de su año, en Siván.
- Pentecostés era una de las tres fiestas en las que se requería la presencia de todos los hombres ante Dios en el templo (Deuteronomio 16:16).
- Esta fiesta se celebraba al final de la cosecha de trigo e incluía una ofrenda de grano nuevo (Levítico 23:16).
- Los que celebraban Pentecostés debían mostrar su preocupación por los pobres, dejando las orillas de sus campos sin cosechar, y dejando el grano que se les caía en el suelo para que las personas en necesidad pudieran recoger lo que quedaba (Levítico 23:22; vea también Levítico 19:9-10).

b. *La tradición judía de Shavuot en el tiempo de Jesús*

Las creencias y prácticas judías de Shavuot en el tiempo de Jesús están bien probadas, aunque hay ciertas diferencias de opinión. Además de las prácticas descritas, se incluían las interpretaciones de la Biblia por parte de los líderes religiosos. Algunas de esas interpretaciones se indican a continuación, junto con las bases para las mismas.

- Se creía que Shavuot era el día en que Dios dio la Tora en el Monte Sinaí.
- Éxodo 19:1 indicaba que los israelitas llegaron al Monte Sinaí al tercer mes, el mismo mes en que la Biblia establece la fiesta de Shavuot.
- 2 Crónicas 15:10-13 describe una renovación del pacto (llamando al pueblo de vuelta a la Tora) el tercer mes, que se cree que fue en Shavuot.
- Los escritos judíos anteriores al tiempo de Jesús incluyen referencia específica a la ley dada en Shavuot (Jubileos 6:17), y los esenios en Qumrán celebraban una renovación del pacto en ese día por la misma razón.
- Las lecturas bíblicas para la sinagoga y para el templo en Shavuot eran las siguientes:
- Éxodo 19:1-20:26: la historia de cómo Dios dio la Tora (la Ley).
- Ezequiel 1:22-28: incluyendo una descripción de la aparición de Dios con sonido y fuego.
- Rut: una historia que se desarrolla en la época de la cosecha.

c. *Conclusión*

Queda claro que Shavuot (Pentecostés) era un tiempo de gran celebración que se centraba en Jerusalén y alrededor del templo. En la mente de las personas, estaba relacionado con la entrega de la Ley, y su celebración incluía la muestra de preocupación por los pobres.

1. ¿Cuál habría sido el "estado de ánimo" en Jerusalén en Shavuot?
2. ¿Quiénes habrían estado allí?
3. ¿Por qué los discípulos estaban allí? (Vea Hechos 1:4.)
4. ¿Qué estarían haciendo en Shavuot?
5. ¿De qué manera el trasfondo del Antiguo Testamento añade a la comprensión que usted tiene de la creación de la nueva comunidad de Jesús por parte de Dios?
6. Antes de iniciar este estudio, ¿sabía usted que Pentecostés había sido una celebración judía por más de 1.200 años? ¿Acaso es importante entender esta información?

OPCIONAL: Un estudio más a fondo II: Jesús y las fiestas

Dios planificó la obra de Jesús cuidadosamente. Su plan incluía un sistema de fiestas que eran muy importantes para la relación del pueblo judío con Él, y que también simbolizaban la obra redentora de Jesús. Repase la siguiente información. Note que éstas son las primeras cuatro fiestas de un total de siete que Dios instituyó para los israelitas.

> 1. **La Pascua.** La entrada triunfal de Jesús en Jerusalén ocurrió el día en que se escogía el cordero, y Jesús murió en el momento en que el cordero pascual era sacrificado en el templo. NOTA: Para mayor información, vea la Lección 23, Discusión dirigida 4; la Lección 24, Discusión dirigida 5; y la Lección 25, parte "a", de la Discusión dirigida 3. Estos estudios tratan con mayor detalle la relación entre Jesús y la Pascua.
> 2. **La fiesta de los panes sin levadura.** Jesús fue sepultado el día en que se celebraba esta fiesta. NOTA: Para mayor información, vea la Lección 25, parte "b", en la Discusión dirigida 3. Allí se trata con mayor detalle la relación entre Jesús y la fiesta de los panes sin levadura.
> 3. **La fiesta de las primicias.** Jesús resucitó de entre los muertos el día que se celebraba esta fiesta. NOTA: Para mayor información, vea la Lección 25, parte "c", en la discusión dirigida 3. Allí se trata con mayor detalle la relación entre Jesús y la fiesta de las primicias.
> 4. **Pentecostés.** Ese día, Jesús envió su Espíritu a morar dentro de su comunidad de creyentes, la iglesia.

3. Discusión dirigida: El viento de Dios

Este estudio explorará el significado de los eventos para el cumplimiento de la fiesta de Pentecostés en el escenario del templo en Jerusalén, y dentro del contexto del significado del festival para el pueblo judío. En cada sección, lea los pasajes, tome nota de los puntos clave, y responda a las preguntas.

a. *Los discípulos estaban en Jerusalén*

- Hechos 1:4-5; Lucas 24:50-53

1. ¿Qué estaban haciendo los discípulos en Jerusalén? ¿Por qué estaban allí? ¿Estarían haciendo lo mismo cuando llegó Shavuot (Pentecostés)? ¿Por qué sí o por qué no?
2. ¿Qué le dice esta actividad a usted acerca de los discípulos? NOTA: Hay muchas respuestas, entre las que se incluye: "Seguían con sus prácticas judías", "Obedecían a Jesús", "Deben haber estado esperando que algo pasara", etc.

b. *Llegó el día de Pentecostés*

- Hechos 2:1-15

1. ¿Dónde estaban los discípulos? (Respuesta: Todos estaban en un mismo lugar, "la casa", donde había grandes multitudes.)
2. ¿Dónde asumen las personas a menudo que este gran evento tuvo lugar?

Puntos clave: Es bastante improbable que el lugar fuera el aposento alto. No hay suficiente espacio allí para tales multitudes. Más importante aún, la Biblia da importante evidencia de que el lugar se encontraba cerca al templo o dentro del templo mismo. Note la siguiente evidencia:

- Lucas 24:53: Los discípulos estaban continuamente en el templo.
- Hechos 2:1, 15: Estos eventos tuvieron lugar durante Pentecostés, una de las grandes fiestas religiosas, cuando la gente iba al templo para presentar sus ofrendas. Además, eran las 9:00 de la mañana, la hora en que se llevaba a cabo la ceremonia matutina en el templo. (El servicio o culto diario comenzaba al amanecer con un sacrificio, y continuaba por un tiempo considerable, terminando con la ofrenda del incienso. Las nueve de la mañana habría sido una hora cercana al final del servicio o culto matutino.) Es probable que las ofrendas específicas de Shavuot (dos panes con levadura y animales; Levítico 23:16-21) se ofrecieran a las 9:00. Ciertamente, los discípulos, que eran judíos religiosos que continuamente estaban en el templo, habrían estado allí para este servicio.
- Hechos 2:2; 7:47: Los judíos llamaban al templo "la casa". (Muchos pasajes en el Antiguo Testamento simplemente se referían al templo como "la casa", aunque algunas traducciones dicen "templo". Vea Ezequiel 40:5; 42:15; 43:10 como ejemplos.)

Utilice la ilustración "El monte del templo: 70 d.C.", y tome nota de los siguientes lugares importantes:

- El templo en medio de la plataforma del templo
- Las gradas del sur, la entrada principal para los peregrinos al templo (donde se filmó el video para esta lección)

- El patio de los gentiles

Algunos eruditos bíblicos creen que los eventos de Hechos 2 tuvieron lugar en las gradas del sur. Eso es posible, porque las gradas habían sido utilizadas en el pasado para la enseñanza pública, y cerca de ellas había baños ceremoniales, convenientes para el bautismo. Las gradas también eran el lugar donde miles de peregrinos habrían estado entrando al monte del templo y saliendo de él. Otros creen que los discípulos estaban en algún otro lugar en los patios del templo. Nadie sabe con certeza en qué lugar se encontraban dentro del área del templo.

Lea el siguiente pasaje y conteste las preguntas.

- Hechos 2:5: Las personas de la multitud eran "de todas las naciones bajo el cielo".

1. ¿Por qué habrían venido personas "de todas las naciones" en esta época del año? NOTA: Recuerde la destrucción de las diez tribus por parte de Asiria (2 Reyes 17:23), y el cautiverio de Judá bajo Babilonia (2 Crónicas 36:20), los cuales esparcieron al pueblo judío por todo el mundo.

2. ¿Qué indica esta multitud acerca del plan de Dios? ¿Por qué era importante hacer que judíos "de todas las naciones" se convirtieran en seguidores de Jesús?

c. Los eventos de Pentecostés

Podemos aprender muchas lecciones del derramamiento del Espíritu Santo en Pentecostés. Este estudio explora el contexto específico de la fiesta judía de Pentecostés y las inferencias para su cumplimiento. Este enfoque no tiene la intención de disminuir los otros significados de ese gran evento, incluyendo los otros dones del Espíritu y el nacimiento de la nueva iglesia.

1. **Los judíos creían que Pentecostés celebraba la entrega de la Tora a Moisés por parte del Señor en el Monte Sinaí.**
   - Hechos 2:1-3: La presencia de Dios iba acompañada del sonido del viento, de lenguas de fuego, y del don de los idiomas (lenguas).
   - Éxodo 19:16-19: La presencia de Dios iba acompañada del sonido del trueno, de fuego y de humo. (Note que la palabra hebrea para el trueno se traduce literalmente como "voces".)
   - Éxodo 32:1-4, 19-20, 27-28: Cuando se dio la Tora, el pueblo estaba adorando al becerro. Como resultado de la ira de Dios, aproximadamente 3.000 personas murieron.
   - Hechos 2:38-41: Cuando el Espíritu fue derramado, las personas se arrepintieron, y aproximadamente 3.000 personas creyeron (tuvieron vida espiritual). Pablo destacó que la letra de la ley mata, pero que el Espíritu vivifica (2 Corintios 3:6).
   - Éxodo 31:18: En el Monte Sinaí, la ley fue escrita en tablas de piedra.
   - 2 Corintios 3:3: En Pentecostés, la ley fue escrita en los corazones del pueblo (Jeremías 31:33).
   - Éxodo 24:13: Sinaí fue llamado "el monte de Dios". Aquí fue donde se dio la Tora.
   - Isaías 2:3: El monte sobre el cual Jerusalén fue edificada fue llamado "el monte de Jehová".

   Conteste las siguientes preguntas:
   a. ¿De qué manera le ayuda a usted entender Pentecostés el reconocer que era una celebración de la entrega de la Tora en el Monte Sinaí?
   b. ¿Por qué habría Dios planificado de manera tan precisa y cuidadosa para asegurar que el cumplimiento de su promesa ocurriera ese día?
   c. Si la Tora se convirtió en el maestro para la comunidad del pueblo del Antiguo Testamento, ¿qué se convirtió en el maestro para la nueva comunidad de seguidores de Jesús? (Respuesta: Tora significa "enseñanza", y el Espíritu ha de ser nuestro Maestro. Vea Juan 14:26.)

2. **La presencia de Dios se encontraba en el lugar santísimo en el templo. En el cumplimiento de Pentecostés, ésta se trasladó de "la casa" a un nuevo "templo", el pueblo de Dios. Esta es la clave de Pentecostés: ¡Le dio el poder de Dios a su pueblo!**
   - Éxodo 25:17-22: Dios se encontraba con Israel sobre el propiciatorio del arca entre los querubines.
   - 2 Crónicas 5:7-8, 13-14: El arca y la presencia de Dios se trasladaron al templo.
   - Ezequiel 10:4-5, 18-19; 43:1-5: En la visión de Ezequiel, la gloria de Dios abandonó el templo de Salomón antes que fuera destruido. En la visión posterior que tuvo, ésta regresó al templo nuevo. (Algunos eruditos bíblicos creen que esto se refiere a la segunda venida de Jesús; otros

creen que se refiere al Espíritu que regresa al templo restaurado del tiempo de Jesús. Es probable que ambas creencias sean correctas. Ciertamente, el templo simbolizaba la presencia de Dios para los judíos del tiempo del Nuevo Testamento.)

- Hechos 2:1-4: "La casa" (probablemente el templo) fue llena con el sonido de un viento recio, y fuego reposó sobre los discípulos. Tome nota de los siguientes puntos:

    El término hebreo para "Espíritu Santo" (*Ruaj HaKodesh*) significa "Viento Santo" (Vea Isaías 63:10-11, donde *Ruaj HaKodesh* se traduce como "Santo Espíritu"). En todo el Antiguo Testamento, *Ruaj*, o "viento", es la palabra para "Espíritu" cuando se aplica a Dios (Génesis 1:2). Así que claramente, el sonido del viento haría recordar la presencia de Dios a los que allí estaban (Ezequiel 37:9, 14; Juan 3:8).

    Las lecturas en el templo ese día (Éxodo 19:1-20:26; Ezequiel 1-2) se refieren al sonido del viento (Ezequiel 1:4; vea también el versículo 24), y a la presencia del fuego (Éxodo 19:18) como evidencia de la presencia de Dios.

- Romanos 8:9; 1 Corintios 3:16-17; 6:19: La iglesia como comunidad, y el creyente como individuo, se convirtieron en el nuevo templo (3:16).

El simbolismo de este cumplimiento puede resumirse como sigue: Se había reconocido la presencia de Dios en el templo. La presencia de Dios se trasladó (con el viento y con el fuego como evidencia) al nuevo "templo", la comunidad de Jesús y cada uno de los discípulos.

Conteste las siguientes preguntas:

   a. ¿Dónde está la presencia de Dios hoy?

   b. ¿De qué manera afecta la presencia de Dios cómo debe vivir el pueblo de Dios? ¿De qué manera se hace conocer la presencia de Dios en el mundo?

   c. ¿Dónde busca usted para encontrar la presencia de Dios? NOTA: Tome nota de que además de encontrarse en los creyentes, la presencia de Dios puede encontrarse en experiencias. Aunque queda claro que una dimensión de la vida de un creyente en Jesús es convertirse en la presencia, en el amor y en la verdad de Jesús para el mundo (1 Pedro 2:12; Mateo 13-16).

- Hechos 1:8; 4:1-4; 19:20; 2 Corintios 4:7

   a. ¿Qué significa para usted que no haya poder más grande que la presencia de Dios?

   b. ¿Por qué le dio Dios su poder a sus seguidores?

   c. ¿Cómo puede usted llegar a ser un testigo más poderoso para Dios?

3. La fiesta judía de Shavuot (Pentecostés) era una fiesta que celebraba la cosecha que Dios había provisto.

- Levítico 23:16-17: Se traía una ofrenda de grano nuevo y de las primicias de la cosecha de trigo para expresar agradecimiento por el inicio de la cosecha.
- Mateo 9:37-38; Lucas 10:1-3; Juan 4:34-38: Jesús usó el lenguaje figurado de la cosecha para describir a los que habrían de creer en Él. En un sentido real, Pentecostés fue un cumplimiento de Shavuot, porque produjo las "primicias" de la cosecha de personas, tal como Shavuot celebraba las primicias de la cosecha de grano.

Conteste las siguientes preguntas:

   a. Basándose en esto, ¿por qué envió Dios su Espíritu en Pentecostés?

   b. Lea Hechos 2:37-41. ¿Cuál es el resultado de proclamar la Palabra de Dios cuando ésta está bendecida con su Espíritu?

   c. Lea Hechos 4:4; 5:14; 6:7. ¿Cuál fue la tasa de crecimiento en la nueva comunidad? ¿Qué clase de personas fueron añadidas a la iglesia? NOTA: La mayoría de ellas, si no todas, eran judías.

   d. ¿Qué es lo que la comunidad de Dios debe hacer hoy si hemos de cambiar el mundo con su mensaje? ¿Cómo podemos buscar el Espíritu de Dios de manera más intencional?

   e. ¿Qué puede usted aprender acerca del amor de Dios, sabiendo que Él estaba dispuesto a "morar" en un templo terrenal de piedra, es decir, el alma de un ser humano pecaminoso?

4. **La fiesta judía de Shavuot es una expresión de agradecimiento a Dios por el don de la cosecha. Una expresión de agradecimiento es compartir con aquellos que están en necesidad.**

    - Levítico 23:22: La evidencia del verdadero agradecimiento (la verdadera celebración de Shavuot) no sólo era traer regalos a Dios, sino también cuidar de los menos afortunados.
    - Hechos 2:44-45: Se podría decir que la evidencia del verdadero cumplimiento de Pentecostés es también el cuidado de los pobres. (Eso no quiere decir que ésta sea la única parte de Pentecostés, ni siquiera la más importante. Sin embargo, en un sentido, el estar lleno con el Espíritu significa mostrar preocupación por los demás.) El hecho de que estos eventos tuvieran lugar en Pentecostés destaca esa relación. (Vea Gálatas 5:22-26. El fruto de ser lleno del Espíritu afecta la manera en que tratamos a los demás.)

    Un creyente judío dijo una vez: "Un judío no podría celebrar verdaderamente Shavuot si no se preocupara por los pobres." Del mismo modo, un seguidor de Jesús no puede experimentar el cumplimiento de Pentecostés sin preocuparse por los que están en necesidad.

    Conteste las siguientes preguntas:

    a. ¿Qué le enseña esto al seguidor de Jesús que está lleno del Espíritu hoy? (¿De qué manera puede cumplirse Shavuot en nuestra vida?)
    b. Piense en algún ejemplo de un cristiano lleno del Espíritu que usted conozca. ¿Qué evidencia de la presencia del Espíritu ve usted en la vida de esa persona? ¿Cuál es la actitud de esa persona hacia las personas en necesidad?
    c. En Pentecostés, los judíos leen el libro de Rut. ¿Por qué? ¿De qué manera ayuda esta historia a destacar el significado de Pentecostés? NOTA: Rut, una gentil, fue llevada a la fe. Ella era pobre, y recogía de la cosecha de Booz.
    d. ¿De qué manera la ayuda que Rut recibió de Booz cambió el mundo? (Vea Rut 4:17; Mateo 1:1, 5-6.)
    e. ¿De qué manera la ayuda que usted podría darle a otra persona podría hacer una diferencia en el mundo?
    f. ¿Quién es un ejemplo de alguien que fue ayudado por un seguidor de Jesús y que como resultado continuó haciendo una diferencia en el mundo?
    g. Cuidar de los que están en necesidad no se limita a ayudar a los que tienen necesidades físicas. ¿Qué otras necesidades estamos llamados a atender? ¿Cómo demuestra usted esta dimensión de ser lleno del Espíritu?
    h. Piense en alguien que tiene una necesidad que usted podría ayudar a satisfacer, pero no lo hace. ¿Cuál es esa necesidad? ¿Cómo podría usted ayudar a satisfacerla?
    i. ¿Qué planes puede usted hacer para mostrar la presencia de Dios, su Espíritu, a esta persona a través de sus acciones?

Dedique unos minutos a la oración, pidiendo que el Espíritu de Dios lo motive y lo capacite para ver las necesidades de los demás, y para encontrar maneras de satisfacerlas.

Conclusión

Es sorprendente la manera tan precisa en que Jesús cumplió las fiestas que se habían celebrado por más de 1.200 años. Murió en la Pascua (como el Cordero de Dios), fue sepultado en la fiesta de los panes sin levadura (como el Pan de vida), resucitó en la fiesta de las primicias (como las primicias de los que serán resucitados a la vida), y envió su Espíritu en Pentecostés para que sus seguidores pudieran comenzar a "cosechar" a los que creerían. Pentecostés puede ser un poderoso recordatorio para los cristianos de que se han convertido en el lugar donde mora el Espíritu de Dios, es decir, su templo. Como cristianos, debemos convertirnos en la presencia de Jesús en el mundo. Debemos hablar sus palabras, demostrar su amor y siempre tratar de llevar su presencia a nuestra cultura. Así como la Tora fue el maestro a través del Antiguo Testamento, el Espíritu se ha convertido en el Maestro para la comunidad de Jesús.

Lección 26
Hoja de trabajo No. 1

TEMPLO DEL ESPÍRITU

LA FIESTA DE SHAVUOT

Levítico 23:15-22; Deuteronomio 16:9-12; Números 28:26-31; Éxodo 23:16

Tres veces al año, todo el pueblo de Dios había de presentarse ante Él en el lugar que Él eligió. El pueblo judío determinó que ese lugar fuera el templo en Jerusalén, donde la presencia de Dios vivía entre los querubines en el lugar santísimo. En Pesach (la Pascua), en Shavuot (Pentecostés), y en Sucot (los Tabernáculos), los judíos de todo el mundo que eran fieles a Yavé iban en peregrinaje a la ciudad santa. La multitud gozosa, hablando los idiomas de los países de donde habían venido, se congregaban en la ciudad, multitudes de personas cantando, celebrando, haciendo arreglos para sus deberes religiosos, y encontrando alojamiento para su familia. La ciudad cobraba vida con la pasión y el gozo que sólo una fiesta religiosa podía proveer. Las modernas celebraciones de Navidad y Pascua palidecen en comparación con la magnitud de aquellas grandes festividades religiosas. Su significado y su ceremonia estaban profundamente enraizadas en el pasado, pero también proveían esperanza para el futuro, puesto que las personas recibían la seguridad del continuo cuidado que Dios tenía de ellas. No fue por casualidad que Dios eligió aquellos días de fiesta para las grandes obras redentoras de Jesús, el Mesías judío. En la fiesta de Shavuot, Él reveló su presencia de una manera totalmente nueva.

EL NOMBRE DE LA FESTIVIDAD

Esta fiesta tenía varias designaciones en la Biblia. En hebreo se llamaba Shavuot, que significa "semanas" (Éxodo 34:22; Deuteronomio 16:9-10), nombre del que se deriva "la fiesta de las semanas" en castellano. Esta designación fue tomada del mandamiento de Dios de celebrar "siete semanas completas" después del día de reposo de la semana de la Pascua (Levítico 23:15), colocando la festividad en el tercer mes del año religioso, el mes de Siván. Los judíos de habla griega se referían a la fiesta como Pentecoste, que significa "50 días" (Hechos 2:1), de donde se deriva "Pentecostés" en castellano. Este nombre se basaba en el mandamiento de Dios de que se debía hacer una ofrenda especial de grano nuevo en el día "cincuenta" después del día de reposo de la Pascua (Levítico 23:16). También se le llamaba "el día de las primicias" (Números 28:26). (Se ha de distinguir de la fiesta de las primicias, que celebraba el comienzo de la cosecha de cebada; Levítico 23:9-14). Este nombre se basaba en la ofrenda de grano nuevo y de dos panes cocidos del grano nuevo como agradecimiento por la cosecha de trigo. El nombre "fiesta de la cosecha" (Éxodo 23:16) se basaba en la misma estación de la cosecha.

CELEBRACIÓN EN EL TEMPLO

El pueblo observaba Shavuot trayendo regalos al templo en Jerusalén y presentándolos a los sacerdotes. Se presentaba una ofrenda de grano nuevo como un regalo de acción de gracias, junto con dos panes, cocidos de la harina más fina hecha del trigo nuevo cultivado en la tierra de Israel. De acuerdo con la tradición, cada pan medía alrededor de 25 centímetros de ancho por 40 centímetros de largo.[1] Además, cada familia presentaba al Señor un cesto con siete especies de los frutos de la tierra (Deuteronomio 8:8).

Se hacían sacrificios especiales a los cincuenta días después del día de reposo de la Pascua. Entre éstos se incluían a siete corderos machos, un becerro, y dos carneros (Levítico 23:18) como ofrendas encendidas. Se ofrecían un macho cabrío como ofrenda de expiación, y dos corderos como ofrenda de paz.

Incluso las mejores ofrendas de agradecimiento (el grano, los dos panes y los cestos con las siete especies) estaban afectadas por el pecado y requerían de una ofrenda de expiación, por el pecado, y una ofrenda de paz, en busca de una relación renovada con Dios. Estos símbolos y su significado forman el trasfondo para los eventos del Pentecostés en el que Dios derramó su Espíritu.

Luego de la ceremonia de las ofrendas, el pueblo judío pasaba la tarde y la noche en una gran cena festiva, en la que habían de invitar a los pobres. Esto era tanto para regocijarse en la comunión renovada con Dios, como para guardar el mandamiento de Dios de proveer para los pobres. Dado que la verdadera acción de gracias se demostraba por medio de un espíritu generoso hacia aquellos en necesidad, Dios mandó a los israelitas: "Cuando segareis la mies de vuestra tierra, no segaréis hasta el último rincón de ella, ni espigarás tu siega; para el pobre y para el extranjero la dejarás" (Levítico 23:22; vea también 19:9-10).

Estas ceremonias especiales se celebraban después del servicio matutino de sacrificio y de adoración que normalmente tenía lugar en el templo, el cual se iniciaba al amanecer y terminaba a media mañana. Una gran multitud de peregrinos se congregaba en los patios del templo durante las oraciones matutinas, llenando el enorme patio. Se leían porciones de la Biblia mientras se presentaban las ofrendas y se hacían los sacrificios. De acuerdo con la historia judía, estas porciones eran Éxodo 19-20 (la historia de la presentación de la Tora por parte de Dios, incluyendo los diez mandamientos, a Moisés en el Monte Sinaí), y Ezequiel 1-2 (la visión que Ezequiel tuvo de Dios apareciendo en el fuego y en el viento). El hecho de que estas actividades ocurrieran alrededor de las 9:00 de la mañana tuvo gran importancia para la celebración del año en que Jesús murió y resucitó. Así como Dios se había encontrado con los israelitas en el "monte de Dios" (Éxodo 24:13), en Shavuot, se encontró con ellos en el monte del templo, "el monte de Jehová" (Isaías 2:3; 66:20).

SHAVUOT Y EL MONTE SINAÍ

Algún tiempo antes del nacimiento de Jesús, se añadió un nuevo énfasis a la festividad de la cosecha de Shavuot. Los rabíes determinaron que fue durante esta fiesta que la Ley (la Tora, incluyendo los diez mandamientos),[2] le fue dada a Moisés en el Monte Sinaí. Aunque la Biblia no especifica el momento de la aparición de Dios a Moisés, existen razones bíblicas que indican que probablemente la decisión de los rabíes fue correcta.

Shavuot, celebrada 50 días después de la Pascua, se encuentra en el mes de Siván, el tercer mes. Los hijos de Israel llegaron al Monte Sinaí "al tercer mes" (Éxodo 19:1). Dado que la Pascua y Sucot estaban relacionados con la experiencia del éxodo de Israel, parecía correcto que la tercera festividad peregrina lo estuviera también. Como mínimo, la entrega de la Tora ocurrió en el tercer mes, el mes de Shavuot.[3]

La Tora enseñaba que "no sólo de pan vivirá el hombre" (Deuteronomio 8:3), así que era apropiado celebrar la entrega de la Tora en Shavuot, que enfatizaba el regalo del pan por parte de Dios (la cosecha de grano simbolizada por los dos panes).

El rey Asa y el pueblo de Judá se congregaron para una renovación del pacto (Tora) en Jerusalén en el tercer mes, que es la época de Shavuot, haciendo otra relación entre la Tora y la fiesta de la cosecha.

Los esenios de Qumrán, aunque celebraban Shavuot en un día diferente al de las autoridades del templo en Jerusalén, aparentemente tenían una celebración de renovación del pacto ese día. El libro de Jubileos, escrito bastante antes del tiempo de Jesús, se refería específicamente a la Tora dada en Shavuot. Es claro que las personas del primer siglo celebraban esta fiesta para agradecer a Dios por la cosecha, y para alabarle por el regalo de la Tora, que había sido dada en esa misma época. Aunque es imposible saber si la entrega de la ley ocurrió el mismo día de Shavuot,

Lección 26

la Biblia claramente coloca ambos hechos en la misma época. El pueblo judío los recordaba el mismo día, un hecho que ha tenido ramificaciones sorprendentes para los eventos de un cierto Shavuot que tuvo lugar en tiempos del Nuevo Testamento.

UN SHAVUOT CRISTIANO

Jesús regresó al cielo 40 días después de su resurrección (Hechos 1:3). Les dijo a sus discípulos que regresaran a Jerusalén para esperar el Espíritu Santo y el poder que traería consigo. La creencia en el Espíritu de Dios no era nueva para los discípulos, por cuanto el Antiguo Testamento hablaba del Ruach HaKodesh (literalmente el "Viento Santo") que otorgaba poder al pueblo de Dios (Isaías 63:10-11; Salmo 51:11). Los discípulos permanecieron fieles como judíos, reuniéndose continuamente en los patios del templo (Lucas 24:50-53). Deben haber tenido grandes expectativas para el Shavuot venidero. Después de todo, Jesús había hecho de ésta una temporada de fiesta inusual; había muerto en la Pascua, había sido sepultado en la fiesta de los panes sin levadura, y había resucitado en la fiesta de las primicias.

Cuando vino el día de Pentecostés (Shavuot), los discípulos estaban juntos en "un lugar".[4] Muchos cristianos asumen que el lugar era el aposento alto, donde los discípulos habían estado. En vez de ello, la evidencia indica que el lugar estaba dentro o cerca del templo, posiblemente en el monte del templo mismo. Algunos eruditos bíblicos creen que los discípulos estaban en la gran escalinata al sur del templo, por donde los peregrinos ingresaban al monte del templo (probablemente más de un millón de peregrinos durante cada fiesta). Aunque es imposible determinar una ubicación exacta para estos eventos, existe evidencia importante para colocar este evento de Pentecostés en un área dentro del templo.

- Era Shavuot. Todos los peregrinos se reunieron en el templo para el servicio de ese día festivo y santo. Ciertamente, los discípulos, que estaban "siempre" en los patios del templo (Lucas 24:53), también habrían estado en el templo ese día.
- Grandes multitudes de todas partes se reunieron para escuchar a Pedro y a los otros discípulos. ¿Dónde se habrían reunido grandes multitudes en un día de fiesta santo a la hora del servicio del templo? Claramente, habrían estado en algún lugar del templo (Hechos 2:6-12).
- Los discípulos estaban todos en un mismo lugar. El sonido de un gran viento llenó "toda la casa" (Hechos 2:2) donde estaban. El templo todavía sigue siendo llamado "la casa" por los judíos, al referirse a la casa de Dios. Incluso en Hechos, se le llama "la casa" (Hechos 7:47).[5]
- Pedro declaró que eran las 9:00 de la mañana, la hora del servicio de Pentecostés en el templo. Ciertamente, las multitudes, y ni hablar de los discípulos, habrían estado en el templo a la hora en que se llevaban a cabo las ceremonias de Shavuot. Algunos creen que las 9 era la hora durante la cual se leían pasajes seleccionados, describiendo la aparición de Dios en el Monte Sinaí (con truenos, relámpagos, fuego y humo), y la visión de Ezequiel de la aparición de Dios (con el sonido del viento y con el fuego).
- Pedro dijo que la sepultura de David estaba allí (Hechos 2:29). La Biblia registra que David fue sepultado en la ciudad de David (1 Reyes 2:10), la parte de Jerusalén ubicada cerca del monte del templo.
- Tres mil personas fueron bautizadas en respuesta a la enseñanza de los discípulos (Hechos 2:41). Cerca de las gradas del sur, la entrada de los peregrinos al monte del templo, había *mikvot*, baños rituales utilizados por los adoradores antes de ingresar a los terrenos del templo. No había muchos lugares en Jerusalén con suficiente agua para tantos bautismos. La cercanía de estos numerosos estanques, de los que ya se creía que simbolizaban la eliminación de la impureza del pecado, es evidencia de que este lugar se encontraba cerca del templo.

Los eventos que ocurrieron esa mañana de Shavuot deben haber excedido todas las expectativas de los discípulos. El Espíritu de Dios los llenó con poder, y les dio habilidades y dones que no podían haber imaginado posibles. Ese mismo Espíritu abrió los corazones y las mentes de miles de personas, de tal manera que la comunidad de Jesús creció de alrededor de 100 a más de 3.000

personas en unas pocas horas. Y los 3.000 venían de todas las naciones del mundo. Cuando regresaron a su propia cultura, eran misioneros ansiosos que no tenían que perder tiempo aprendiendo nuevas culturas o nuevos idiomas. El plan de Dios para los descendientes de los sobrevivientes de la destrucción de Israel (2 Reyes 17), y del cautiverio de Judá (2 Crónicas 36) se había hecho miles de años antes. Ahora estaban aquí, libres bajo el gobierno de Roma para regresar a Jerusalén y a su templo para celebrar Shavuot. Cuando llegaron, Dios actuó, y se convirtieron en los primeros miembros de una gran comunidad de personas. Todos los judíos conocían las Escrituras y los caminos de Dios. En Pentecostés añadirían el capítulo final, la venida de su Mesías.

EL SIGNIFICADO DE SHAVUOT PARA LOS CRISTIANOS

Ningún evento ha sido más significativo para el ministerio de la iglesia que lo que pasó en Shavuot ese año. Se ha escrito muchísimo a través de los siglos tratando de explicar el significado y la importancia de ser "lleno del Espíritu". Como cristianos podemos aprender del escenario judío de Shavuot donde estos eventos tuvieron lugar.

Existen paralelos extraordinarios entre el cumplimiento de Pentecostés y los eventos que ocurrieron en el Monte Sinaí más de 1.200 años antes. Dado que los judíos del tiempo de Jesús creían que Pentecostés celebraba el regalo de la Tora a Moisés, estos paralelos habrían sido poderosos para esos creyentes judíos. Tome nota de lo siguiente:

- Ambos eventos ocurrieron en las montañas conocidas como "el monte de Dios" (Éxodo 24:13; Isaías 2:3).
- Ambos involucraban sonidos y símbolos similares, tales como el viento, el fuego y las voces (Éxodo 19:16-19; Hechos 2:1-3). Note que la palabra hebrea para "trueno" (kolot) significa "voces" (Hechos 2:4). La tradición judía decía que los israelitas oían hablar a Dios en 70 idiomas.
- Ambos eventos involucraban la presencia de Dios (Éxodo 19:18, 20; Hechos 2:4).
- Alrededor de 3.000 personas murieron debido a su pecado cuando Moisés recibió la Tora (Éxodo 32:28). Alrededor de 3.000 personas creyeron (nacieron de nuevo a una nueva vida) cuando el Espíritu vino (Hechos 2:41).[6]
- En el Monte Sinaí, Dios escribió su revelación en tablas de piedra (Éxodo 31:18). En el cumplimiento de Pentecostés, Dios escribió su ley en los corazones de las personas tal como había prometido que lo haría (2 Corintios 3:3; Jeremías 31:33).
- Tora significa "enseñanza". El Espíritu dado en Shavuot, también se convirtió en el "Maestro" de la nueva comunidad de seguidores de Jesús (Juan 14:26).[7]

Estos paralelos son evidencia asombrosa de la planificación cuidadosa de Dios, asegurando que la venida del Espíritu ocurriera dentro de un contexto en el que tal evento se entendía. Los seguidores de Jesús habrían de ser la comunidad de Dios. Su Maestro, aplicando la Tora a la luz de la obra de Jesús, habría de ser el Espíritu de Dios. Siempre habrá vida cuando el Espíritu aplica la enseñanza de Dios en los corazones de las personas. Shavuot para los creyentes era tan fundamental y educativo como el Sinaí lo había sido para la congregación de Dios, Israel. Como cristianos, nos encontramos dentro de la tradición del Sinaí, pero Shavuot declara que el Espíritu de Dios nos da vida.

El cumplimiento de Pentecostés proveyó otra imagen que explica la obra del Espíritu. Como se indicó anteriormente, Shavuot era la fiesta que celebraba el final de la cosecha de trigo. Con frecuencia, Jesús había hablado de la "cosecha" de personas que habrían de unirse a su comunidad (Mateo 9:37-38; 13:24-29, 36-43; Lucas 10:1-2; Juan 4:34-38). En Shavuot, el día de la celebración de la cosecha, su promesa se hizo realidad. Miles creyeron y fueron traídos a Dios (probablemente en el templo).

Existe otra imagen de Shavuot que nos puede ayudar a entender el significado de los eventos de ese año. La presencia de Dios siempre había sido simbolizada en el templo desde que Salomón construyó el primer templo. Esa era la manera que Dios había elegido vivir entre su pueblo.

- Éxodo 25:17-22; 40:34-38. Dios había acordado encontrarse con su pueblo sobre el propiciatorio del arca. El arca se encontraba en el tabernáculo, donde la presencia de Dios estaba simbolizada por la nube y el fuego.
- 2 Crónicas 5:1-14; 7:1-3. El arca y la presencia de Dios, simbolizada por el fuego, se trasladaron al templo.
- Ezequiel 1:4-28. La visión de Ezequiel de la presencia de Dios en el templo incluyó fuego y viento.
- Hechos 2:1-3. El Espíritu de Dios vino a "la casa" donde estaban los discípulos. La presencia de Dios estaba simbolizada por viento y fuego.

El simbolismo parece claro. La presencia de Dios estaba en el templo. Había sido accesible al pueblo sólo a través del sumo sacerdote una vez al año (Hebreos 9:25). Cuando Jesús murió, el velo que impedía el acceso del pueblo a Dios fue rasgado (Mateo 27:51), mostrando que a través de la sangre de Jesús, cualquiera puede acercarse a Dios en cualquier momento.

En Pentecostés, Dios se trasladó de "la casa" (el templo) donde se había revelado, a un templo nuevo que es la comunidad de los seguidores de Jesús (1 Corintios 3:16-17; 6:19). Ellos se convirtieron en la nueva morada de Dios, su templo.

Las inferencias de este cambio son asombrosas. Así como el templo había demostrado la presencia de Dios al mundo, la comunidad cristiana debe demostrar la presencia de Dios a nuestro mundo herido. Debemos llevar el amor, la verdad y la redención de Dios a nuestra cultura, a nuestra comunidad y a nuestra familia. Si las personas que nos rodean han de ver y conocer a Dios, lo verán a través de nosotros. Hemos recibido el poder para ser sus testigos (Hechos 1:8).

Es difícil comprender por qué Dios eligió a seres humanos imperfectos para que fueran su templo, y representaran su presencia. Por supuesto, tampoco es fácil comprender por qué Dios moraría en un templo hecho con manos humanas (2 Crónicas 2:6). Es la infinita sabiduría de Dios la que lo llevó a elegir estar presente en nuestro mundo a través de su pueblo.

La pregunta a la que debemos responder es sencilla: ¿Qué tan bien representamos la presencia de Dios? ¿Su amor? ¿Su toque de sanidad? Si creemos en su Hijo, hemos recibido poder. Ahora debemos ser fieles a medida que el Espíritu escribe su Tora (Ley) en nuestro corazón para que el mundo sepa que Él es Dios.

CONCLUSIÓN

Una relación final con la fiesta judía de Shavuot tiene que ver con el cuidado de los pobres. La fiesta proveía una oportunidad para el pueblo para agradecer a Dios, y para traer regalos, expresando esta gratitud. Pero el verdadero agradecimiento involucra no sólo agradecer a Dios el Proveedor, sino también compartir con otras personas. En las instrucciones originales de Dios para esta fiesta, concluyó mandando a los agricultores a que dejaran algo de sus cosechas en el campo para que los pobres pudieran cosechar con dignidad, y también experimentar la provisión de Dios (Levítico 23:22; vea también Levítico 19:9-10). En un sentido, Dios estaba diciendo: "No vengan a agradecerme si no tienen preocupación por las personas que están en necesidad."

Si el Pentecostés del Nuevo Testamento ha de entenderse sobre la base de la fiesta de Shavuot del Antiguo Testamento, el cumplimiento debe incluir la preocupación por aquellos en necesidad. Muchos de los dones del Espíritu descritos por Pablo (Gálatas 5:16-26) involucran la preocupación por otros. Pero la señal más clara de que la venida del Espíritu era un cumplimiento del Espíritu de Shavuot se encuentra en el evento en sí. Los primeros creyentes, que estaban llenos con el Espíritu, tuvieron todas las cosas en común y compartían con todos los que tenían necesidad. Este fue un verdadero Pentecostés. Como el nuevo templo de la presencia de Dios, estas personas no podían dejar de preocuparse por los demás, quienes aprendieron de Dios y de su amor a través de las acciones de generosidad de ellas.

Los cristianos de hoy están llamados a la misma misión. La comunidad de Jesús es su templo, su presencia en nuestro mundo. El Espíritu nos enseña (y enseña a otros a través de nosotros), que Dios está vivo y es real. Podemos compartir su amor y sus caminos con nuestros semejantes, para que puedan conocerlo también. Las personas en necesidad se convierten en la prueba de la presencia del Espíritu Santo en nuestra vida. Si afirmamos haber experimentado Shavuot pero no nos preocupamos por los demás, estamos equivocados. El Espíritu guía a su pueblo a llevar la presencia y el poder de Dios, para que afecte a todos los que necesiten de su toque de sanidad, de su cuidado y de su corrección.

NOTAS

1. La Mishná (Menahot 11:4) indica que los panes tenían siete palmos de largo y cuatro de ancho. Estos panes tenían protuberancias de masa en cada esquina para representar los cuernos, o protuberancias, en las esquinas del altar.
2. Tora significa "enseñanza", no "ley" en el sentido que los cristianos pudieran pensar. Esta designación enfatizaba un vibrante mensaje para la vida, por cuanto había de enseñarse de manera continua y aplicarse en toda situación. Aunque provee "leyes", o reglas para la vida, no era sencillamente una colección organizada de reglas. Era mucho más; era la vida misma.
3. La Pascua conmemoraba la liberación que los israelitas experimentaron cuando se convirtieron en una nación. Sucot celebraba el fin de los 40 años de deambular en el desierto, que dio como resultado la posesión de la tierra que Dios había prometido. Shavuot celebraba el pacto que Dios había hecho con Israel, que proveía la vida que su pueblo habría de vivir.
4. La historia se cuenta en Hechos 2.
5. El Antiguo Testamento frecuentemente usaba esta designación para el templo. Vea Ezequiel 40:5; 42:15; 43:10; 2 Crónicas 3:4; 5:7; 6:9; 7:1, 3. Vea la versión Reina Valera que tradujo la palabra hebrea como "casa" en vez de "templo", para la estructura referida como "la casa", o "la casa del Señor".
6. Pablo habló de la comparación entre la Tora para Israel y el Espíritu para la iglesia. Destacó que la letra mata, pero que el Espíritu (que no invalida la Tora) vivifica al escribirse la Tora en el corazón (2 Corintios 3:3-6).
7. Estoy en deuda con David Stern en cuanto a este punto. Su obra *Jewish New Testament Commentary* (Comentario judío al Nuevo Testamento), es un excelente estudio del contexto judío del Nuevo Testamento. Su estudio de Hechos 2 es excepcional, y provee una comprensión de Shavuot tal como fue descrita en el Nuevo Testamento.

Lección 27

Compromiso total

A través de esta serie de estudios, hemos aprendido que Dios se hace conocer a través de su pueblo. Dios espera que su pueblo viva de tal manera que el mundo vea a Dios a través de su vida. Las personas fieles de la Biblia, como David, Rut, Ezequías y Ester, vivieron sus compromisos con Dios, y fueron bendecidas por hacerlo. Otros vivieron para sí mismos (Acab y Jezabel, por ejemplo), y tuvieron éxito por un tiempo. Sin embargo, cuando murieron, no dejaron tras sí nada de valor debido a que no reconocieron a Dios como el centro de su vida.

Completamos nuestro estudio de la tierra y del pueblo de Israel observando a una de las personas más grandes y poderosas que jamás hayan vivido allí. Nunca ha habido otro rey como Herodes, pero desafortunadamente, sólo vivió para sí mismo. Dejó un legado en los restos diseminados de sus gloriosos proyectos de construcción, incluyendo la increíble ciudad portuaria de Cesarea, donde se filmó el video para esta lección. Pero a pesar de la perspectiva egoísta de Herodes, Dios tenía un propósito para él. Sus logros ayudaron a los primeros creyentes a llevar el mensaje de un Rey aun más grande al mundo. Herodes incluso ayudó a llevar el evangelio a personas no judías, es decir, a los gentiles. Seremos bendecidos al descubrir que Dios puede usar a personas como Herodes, y seremos desafiados a vivir como Herodes nunca vivió, dando honor a Dios, mostrando a otros cómo es Él y cómo encontrarlo.

Para comenzar este estudio, mencione a los reyes y a las reinas más grandes que la tierra de Israel haya tenido. Este estudio se centrará en el más grande de esos reyes, y nos ayudará a descubrir la verdadera grandeza delante de Dios.

Sus objetivos para esta lección

Al terminar esta sección, usted querrá:

Saber/entender

1. Por qué Herodes construyó Cesarea.
2. Las diversas edificaciones y características de Cesarea.
3. Los eventos bíblicos que ocurrieron en Cesarea.
4. El contraste de cosmovisiones entre Jerusalén y Cesarea.
5. La manera en que los primeros misioneros enfrentaron las culturas de su tiempo.
6. Cómo Dios usó Cesarea.
7. La historia de las dos piedras.
8. Cómo Dios usa el mal para bien.

Para hacer

1. Comprométase a ser un testigo para Dios en su cultura.
2. Aprenda a construir y a vivir para Dios, y no para sí mismo.
3. Reconozca la necesidad de pronunciarse contra los males culturales en vez de tratar de escapar de ellos.
4. Haga un compromiso total para vivir para Dios como su testigo.

Cómo planificar esta lección

Debido al volumen del material en esta lección, tal vez usted necesite dividirla en varias sesiones. Para ayudarle a determinar cómo hacerlo, la lección ha sido dividida en varios segmentos. Note que el tiempo que necesite probablemente variará considerablemente, dependiendo en elementos tales como el profesor, el tamaño de la clase, y el nivel de interés de los alumnos.

Si usted desea dar toda la lección en una sesión, deberá completar la Unidad Uno que trata los puntos principales del video, pero sin profundizar mucho. Si usted desea profundizar más en cualquiera de los puntos dentro de la Unidad Uno, éstos se tratan de manera más completa en el resto del material.

Cómo prepararse para esta lección

Materiales necesarios

- Mapas: "El mundo romano" y "La tierra en tiempos del ministerio de Jesús"
- Ilustraciones: "El mundo romano", "La tierra en tiempos del ministerio de Jesús", "Cronología del Nuevo Testamento" y "Cesarea"
- Hojas de trabajo: "Herodes el Grande" (Lección 22) y "Siguiendo las huellas de Herodes: La dinastía continúa"
- Video: Compromiso total
- Televisor, videocasetera

    1. Prepare los mapas mencionados.
    2. Prepare las ilustraciones mencionadas. (Las encontrará en la parte de atrás de este libro.)
    3. Prepare las hojas de trabajo mencionadas. (Lea estas hojas de trabajo antes de la lección.)
    4. Repase la geografía de las tierras de la Biblia, de la "Introducción".
    5. Determine qué pasos y qué secciones de "Un estudio más a fondo" quiere utilizar en su sesión o sesiones, si es que quiere usar alguna. NOTA: Estas secciones no son necesariamente consecutivas y pueden utilizarse de manera independiente (por ejemplo, tal vez usted quiera usar Un estudio más a fondo III, pero no Un estudio más a fondo I, ni Un estudio más a fondo II).
    6. Prepare su salón de clase con anticipación.

Lección 27

Plan de la lección

UNIDAD UNO: Repaso del video

1. **Comentarios introductorios**

   La ciudad de Cesarea representaba varias cosas. Era el logro supremo de Herodes el Grande. Era la puerta a Roma y la vía de entrada para la cosmovisión romana a la tierra de Israel. Era una ciudad muy pagana donde las personas mantenían los valores humanistas del helenismo. Pero también era el lugar donde varios de los primeros creyentes fueron a desafiar ese estilo de vida pagano con el mensaje de Jesús, no sólo entre la gente común, sino también entre aquellos que moldeaban la cultura. Era el lugar donde el evangelio alcanzó a los gentiles por primera vez en grandes cantidades. Su puerto, que Herodes construyó para ganar fama y fortuna para sí, fue el lugar desde donde los primeros misioneros partieron en sus viajes. Un estudio de estos contrastes en la ciudad de Cesarea le puede proveer una oportunidad de descubrir si ha hecho un compromiso total con Dios y con su mensaje. También le puede ayudar para confrontar las prácticas y los valores paganos en su propia cultura.

2. **Muestre el video: Compromiso total**

3. **Estudio de mapas: Cesarea**

   PAUTA: *Comience este estudio de mapas repasando la geografía de la región en general, hasta llegar a la ciudad de la que trata esta lección, que es Cesarea.*

   Utilizando la ilustración titulada "El mundo romano", fíjese en los siguientes lugares, y ubíquelos en su mapa.
   - Roma
   - el Mar Mediterráneo
   - Egipto
   - Judea
   - Cesarea
   - Asia Menor

   Utilizando la ilustración "La tierra en tiempos del ministerio de Jesús", fíjese en los siguientes lugares, y ubíquelos en su mapa.
   - Belén
   - Jerusalén
   - Capernaum
   - Galilea
   - el Mar de Galilea
   - Idumea
   - Cesarea
   - Jope
   - la Vía Maris
   - Masada
   - el Herodión
   - Jericó

4. Discusión dirigida: La Cesarea de Herodes

a. Cesarea

Cesarea fue uno de los grandes logros de Herodes. Una de las maravillas del mundo antiguo, fue una magnífica ciudad con estadios modernos, un teatro y agua corriente. Su construcción tuvo lugar entre los años 22 y 9 a.C. Herodes no escatimó en gastos para hacer de éste, el puerto marítimo más grande de su mundo.

Utilice la ilustración "Cesarea", y explore las características de esta demostración de la magnificencia de Herodes. Note la relación de la ciudad con el Mar Mediterráneo. No había puerto natural, así que Herodes tuvo que crear uno. La ciudad fue construida alrededor de ese puerto.

Señale las principales características de Cesarea:
- el puerto (Sebastos)
- el palacio
- el teatro
- el anfiteatro
- el hipódromo
- el templo de Augusto
- el acueducto

b. Cesarea y el evangelio

Lea los siguientes pasajes y conteste las preguntas.

- Mateo 27:11-26; Juan 18:28-40: Poncio Pilato, el gobernador romano de Judea, vivía en Cesarea. Una piedra encontrada en 1961 era una placa dedicatoria para un templo que Pilato construyó.

1. ¿Qué tan cerca estuvo Pilato de la verdad?
2. ¿Cree usted que Jesús escondió su mensaje del poderoso mundo secular?
3. ¿Qué puede usted aprender de la relación de Jesús con Pilato?

- Hechos 10:1-46

1. ¿Quién era Cornelio? ¿De dónde era? ¿Dónde vivía?
2. ¿Cuál fue el mensaje de Pedro? ¿Cómo presentó Pedro el mensaje a sus poderosos oyentes?
3. ¿Cómo reaccionaron estos oyentes a lo que Pedro dijo?
4. ¿Qué puede usted aprender de esta historia? (NOTA: Cesarea podía compararse a Hollywood, y Cornelio era uno de los moldeadores de la cultura de su tiempo. ¿Cómo puede usted aplicar el ejemplo de Pedro a su cultura?
5. ¿De qué manera la visión de Pedro afectó la vida de usted? NOTA: Las personas que no eran judías no habrían recibido el evangelio a menos que Dios hubiese abierto el camino, como lo hizo aquí con Pedro. Cesarea era el lugar donde el evangelio llegó a los gentiles de manera más formal.

- Hechos 12:1-5, 18-24: Herodes Agripa era el nieto del rey que construyó Cesarea. Toda la familia estaba comprometida a introducir los valores seculares en la nación. La historia registra que este evento tuvo lugar en el teatro de Cesarea (donde se filmó el video *Compromiso total*).

1. ¿Cuál fue la reacción de Herodes al mensaje cristiano?
2. ¿Para qué vivía Herodes? ¿En qué se parecía a su abuelo? (Vea Mateo 2:13-18.)
3. ¿De qué manera los valores de los padres afectan a sus hijos?
4. ¿Qué clase de personas son hoy como Herodes?
5. ¿Qué puede usted aprender de la reacción de Pedro ante la resistencia de Herodes?

- Hechos 9:28-30; 11:25-26; 27:1: Pablo inició por lo menos dos viajes misioneros en Cesarea. El puerto de Herodes, construido para traer la ayuda y la cultura romana a la zona, y para dar riqueza y fama a Herodes, fue utilizado por Dios para difundir el evangelio.

1. ¿Qué le enseña esto a usted acerca de Dios y de su control sobre las circunstancias?

2. ¿Puede usted pensar en otro ejemplo en el que Dios usó a personas o eventos malignos para lograr su propósito? NOTA: Génesis 50:19-20 nos da un ejemplo.
3. ¿Qué elementos de nuestra cultura son utilizados para propósitos pecaminosos, pero también pueden aumentar la difusión del mensaje de Dios? ¿De qué manera podrían los cristianos hacer un mejor uso de esos elementos?
   - Hechos 23:31-35; 24:24-26; 25:23; 26:9-32: Agripa II era el bisnieto de Herodes el Grande, y Berenice era la hermana de Agripa; Félix era el gobernador romano casado con Drusila, nieta de Herodes el Grande; Festo era el reemplazo de Félix; Pablo estaba custodiado en el palacio de Herodes en Cesarea (Hechos 23:35).
1. ¿Cuál fue el mensaje de Pablo a estas personas poderosas y paganas?
2. ¿Por qué cree usted que él no puso en peligro su mensaje para hacerlo más aceptable, o para preservar su propia seguridad?
3. ¿Qué puede usted aprender de estas historias?

c. *Aplicación*

Conteste las siguientes preguntas:
1. ¿Qué es comparable a Cesarea en nuestra cultura (la fuente de valores paganos)? ¿De qué manera pueden los cristianos confrontar estos valores con denuedo?
2. ¿Qué puede usted hacer para desafiar, de manera más efectiva, el mundo pagano que lo rodea?
3. ¿Cuán importante es el estilo de vida de una persona para su mensaje? ¿Su estilo de vida le da a usted oportunidades para compartir su mensaje? ¿Cómo?
4. ¿Por qué cree usted que Jesús les exige un compromiso total a sus seguidores?
5. ¿De qué manera se muestra el compromiso total en la vida cristiana?

5. Conclusión

El video *Compromiso total* muestra dos tipos de piedras. De estas piedras, podemos aprender una lección clave para ser testigos de Dios y llevar a otras personas hacia Él. Una de estas piedras es el mármol, y la otra es la caliza. Recuerde sus historias.

Mármol — El gran rey Herodes importó mármol desde Italia para construir su gloriosa ciudad de Cesarea. Muchas de las ciudades y de las edificaciones de Herodes fueron cubiertas con esa piedra. Él construyó esas magníficas estructuras para que las personas pudieran recordarlo y honrarlo como un gran rey. Herodes vivió para sí mismo.

Hoy día, estas magníficas creaciones están en ruinas. Algunos pedazos de mármol están esparcidos por la tierra, y otros están enterrados debajo del mar. En Cesarea, gran parte del bello mármol de Herodes es traído por la corriente a la costa del Mediterráneo, donde fue echado por los ejércitos conquistadores. La gente camina por la orilla y recoge pedazos rotos de los monumentos que Herodes hizo para sí mismo. Nada más que ruinas han quedado debido a que sólo construyó para sí mismo. La mayoría de la gente no recuerda otra cosa de Herodes que la matanza de los bebés que ordenó en Belén en la época de la Navidad.

Caliza — Cuando era niño, el rey David recogía caliza en un pequeño arroyo en el Valle de Ela. Como era pastor, estaba familiarizado con las hondas y las piedras. Cuando su Dios fue desafiado, David hizo lo único que sabía hacer para defenderse: tiró una piedra.

Antes que David matara a Goliat, él le dijo a su enemigo gigantesco por qué iba a tirar la piedra: "Y toda la tierra sabrá que hay Dios en Israel" (1 Samuel 17:46). David salvó al pueblo de Dios, quienes eran los antepasados terrenales de Jesús, y nunca ha sido olvidado. La suya es una de las primeras historias que los niños aprenden. Los efectos de lo que hizo perdurarán por siempre, porque lo que hizo fue para Dios y no para sí mismo.

Tanto Herodes como David fueron grandes reyes. Ambos amaban las piedras. Herodes construyó para sí mismo, y hoy las personas recogen las ruinas de lo que él dejó tras de sí. David actuó en el nombre de Dios, y nunca olvidaremos su gran legado.

Nosotros también hemos recibido piedras, y nuestras piedras son los talentos, las oportunidades y los recursos que tenemos. Algunos de nosotros tenemos mármol, es decir, muchos talentos y grandes oportunidades y recursos. Otros tenemos caliza, es decir, talentos y responsabilidades comunes. No importa qué piedras tengamos; estamos construyendo con nuestras vidas. La pregunta es: ¿Para quién construimos? Si estamos construyendo para nosotros mismos, ya sea con mármol o con caliza, algún día otros recogerán las piezas rotas de nuestros sueños, porque eso es todo lo que quedará. Si estamos construyendo para Dios, ya sea con mármol o con caliza, lo que construiremos permanecerá para siempre.

Dedique unos momentos a la oración, pidiéndole a nuestro Señor que nos ayude a comprometernos totalmente con Él como sus testigos, para que el mundo sepa que Él es el único Dios verdadero.

UNIDAD DOS

"Cesarea: El glorioso puerto marítimo de Herodes"

1. Comentarios introductorios

Tenemos un último tema por aprender en este estudio: Dios no limitó su mensaje a la tierra de Israel o a los judíos. Su mandamiento para sus seguidores fue: "Id y haced discípulos a todas las naciones" (Mateo 28:19). De una manera inusual, Dios usó los logros de Herodes, el genio egoísta que estuvo tan cerca del verdadero rey, Jesús, para cumplir parte de esta gran comisión. Los cristianos deben escuchar el desafío de Dios para ser sus testigos en todas partes, pero también debemos aprender del fracaso de Herodes. Herodes vivió para que el mundo supiera de Herodes. Debemos vivir para que el mundo sepa de Dios.

2. Estudio de mapas: Cesarea

PAUTA: *Comience este estudio de mapas repasando la geografía de la región en general, hasta llegar a la ciudad de la que trata esta lección, que es Cesarea. Utilizado la ilustración titulada "El mundo romano", fíjese en los siguientes lugares, y ubíquelos en su mapa.*

    Roma
    el Mar Mediterráneo
    Egipto
    Judea
    Cesarea
    Asia Menor

Utilizando la ilustración "La tierra del ministerio de Jesús", fíjese en los siguientes lugares, y ubíquelos en su mapa.

    Belén
    Jerusalén
    Nazaret
    Capernaum
    Galilea
    el Mar de Galilea
    Idumea
    Cesarea
    Jope
    la Vía Maris
    Masada
    el Herodión

Jericó

3. Repase la ilustración "Cronología del Nuevo Testamento"

63 a.C.	Conquista romana de Judea
37 a.C.	Comienza el reinado de Herodes
4 a.C.	Muerte de Herodes
6 a.C.	Nacimiento de Jesús
30 d.C.	Jesús es crucificado
35 d.C.	Conversión de Pablo
44 d.C.	Muerte de Herodes Agripa
46-61 d.C.	Viajes misioneros de Pablo
57-59 d.C.	Encarcelamiento de Pablo en Cesarea
66-73 d.C.	Primera revuelta judía contra Roma
70 d.C.	Destrucción de Jerusalén y del templo

4. Muestre el video: Compromiso total

5. Discusión dirigida: Herodes y Roma

Los estudiantes deben leer la hoja de trabajo "Herodes el Grande", antes de comenzar este estudio.

a. *El rey idumeo*

El contraste entre Jesús y Herodes es mucho más significativo para los autores de la Biblia de lo que se podría pensar. Hemos establecido que existe una relación geográfica. Jesús nació a ocho kilómetros del principal palacio de Herodes en Jerusalén, y a una distancia incluso menor de su palacio más grande en el Herodión. Los lectores de la Biblia siempre han sabido que Herodes participa en la historia de la Navidad como la maligna herramienta de Satanás que intentaría acabar con el plan de redención de Dios matando a los bebés varones de Belén.

Pero existe una relación aun más grande entre estos dos reyes, una conexión espiritual que aclara lo histórico y lo geográfico. Dios planificó que Herodes estuviera en esa posición para que la persona y la obra de Jesús fueran vistas exactamente de la manera que Él quería que se vieran. Para entender esta conexión, debemos explorar más la persona de Herodes en contraste con la persona de Jesús.

Era difícil para aquellos que supieron del nacimiento de Jesús aceptar que Él era el Mesías. Él vino al mundo pobre y débil, un bebé nacido en un establo de una joven campesina. En contraste, Herodes era increíblemente fuerte. Esto era incluso más difícil de comprender debido a lo que era cada uno de estos hombres. Lea los siguientes pasajes y descubra el dilema.

1. Génesis 25:21-26. ¿Quién sería la persona o la nación dominante? Contrario a las expectativas culturales, el mayor serviría al menor. Esaú finalmente serviría a Jacob.
2. Génesis 25:30; 36:1. ¿Quiénes eran los descendientes de Esaú? Los edomitas, que significa "rojo" pertenecían a la línea familiar de Esaú. Vivían en las montañas rojizas al este y al sur del Mar Muerto.
3. Números 24:15-19. ¿Qué predicción fue hecha acerca de la nación de Israel? ¿Acerca de su relación con Edom? El profeta Balaam, por medio de la revelación de Dios, predijo que una estrella y un cetro saldrían de Jacob, ambos símbolos culturales de realeza. El resultado era que Edom sería conquistado.
4. Números 20:20; 1 Reyes 11:15; 2 Reyes 8:20; Ezequiel 25:12-14; Abdías 8–12. ¿Qué caracterizaba la historia de las relaciones entre estas dos naciones? ¿En qué se parecía a la relación entre Jacob y Esaú? Note que la historia de estas dos naciones involucraba conflicto y odio.
5. Isaías 34:8-15; Jeremías 49:7-11; Ezequiel 35:15; Amós 1:11; 9:12; Abdías (todo el libro trata esta relación). ¿Qué predijo Dios que al final les sucedería a los descendientes de Edom y de Esaú? Note que la destrucción completa de Edom ocurriría en el "día de Jehová", sinónimo de la venida del Mesías.

Conclusión: Enfatice que aunque había constante conflicto entre los descendientes de Esaú y de Jacob, finalmente, la línea de Jacob conquistaría a la de Esaú y sería entronizado para siempre en la persona del Mesías.

6. Note que (1) Herodes era un rey poderoso que destruía toda oposición, y (2) el padre de Herodes era idumeo (la palabra que usa el Nuevo Testamento para Edom, aunque refiriéndose a un territorio más grande que el de Edom), y su madre era de Nabat (capital de la ciudad rosa de Petra, el verdadero territorio de Edom). Presente una descripción de Herodes según la gente de su tiempo que lo conoció. Reconozca el dilema que Mateo 2:1 presentó para las personas del tiempo de Jesús:

- ¿Cómo podía un bebé tan débil e insignificante ser el Mesías de Dios comparado con Herodes? ¿Qué sabe usted que los oyentes originales de Jesús no sabían, que le ayuda a ver a través del dilema?
- ¿Podría usted haberse inclinado ante Jesús cuando Herodes parecía tan poderoso? ¿Por qué sí o por qué no? ¿Por qué era un acto de fe tan grande creer en Jesús?

b. Cesarea: El lazo con Roma

Herodes tenía tres motivaciones. (1) Estaba obsesionado con mantener su seguridad de las amenazas reales o percibidas de sus propios súbditos, y de otros países en la región. (2) Quería estar unido a Roma porque le proveía un mercado comercial para los productos de su tierra. También le proveía las tropas imperiales que lo mantenían en el poder, y el helenismo, la cosmovisión que Herodes buscaba establecer en su reino. (3) Quería pasar a la historia como el rey más grande de Israel. Herodes vivía para su propia gloria. Decidió construir su propio puerto marítimo, ya sea porque los otros puertos en la costa este del Mediterráneo se encontraban fuera de su reino (por ejemplo, Tolemaida), o le eran hostiles (por ejemplo, Jope). Un puerto marítimo también proveería un punto de contacto entre la gran ruta comercial que atravesaba Israel desde el este (Persia, Babilonia y el Oriente, así como también la Península Arábiga), y desde Roma a través del mar. Herodes quería ganarse el favor de Roma porque necesitaba su apoyo para permanecer en el poder. Por lo tanto, a través de este puerto marítimo planificado mandaría especias, perfumes, incienso, oro, seda y el aceite de oliva local, a Roma.

El lugar que Herodes eligió para construir su ciudad portuaria era una pequeña ciudad en el Mediterráneo sin ningún puerto natural. La nueva población (compuesta de gentiles y de soldados de su ejército, a quienes les dio tierras para que se establecieran allí), era muy leal a Herodes (aunque también había una gran comunidad judía cuya resistencia a Roma encendería la chispa de la primera revuelta judía).

Cesarea, que tenía el puerto hecho por manos humanas más grande del mundo, hizo del reino de Herodes un gran centro comercial. Trajo riqueza, la cual él utilizó para financiar sus otros proyectos de construcción, como el monte del templo en Jerusalén, Masada, Sebaste (Samaria), Jericó, el Herodión y muchos otros.

Herodes llamó a su ciudad Cesarea, en honor a su patrocinador, César Augusto. El puerto fue llamado Sebastos, la traducción griega de "Augusto".

Es digno de notar que Dios utilizó la ciudad de Herodes para su gloria, y no para la gloria de Herodes. Fue allí donde por primera vez miles de gentiles creyeron en Jesús; donde Felipe pasó casi todo su ministerio; y también fue el lugar de donde Pablo partió, o a donde regresó, en sus cuatro viajes misioneros. Estos eventos se destacarán posteriormente en esta lección.

c. Pensamientos a considerar

Conteste las siguientes preguntas:

1. ¿Puede usted pensar en otros ejemplos de gente incrédula o de cosas malignas que Dios haya utilizado para bien? (Posibles respuestas: Jesús fue crucificado y resucitado de los muertos; el rey persa Ciro permitió que los judíos exiliados regresaran a sus hogares [2 Crónicas 36:22-23]; los hermanos de José lo vendieron, y Dios lo hizo gobernante de Egipto.)

2. Lea Génesis 50:19-20. ¿Cómo se aplica esto a la construcción de Herodes de una ciudad designada para glorificarse a sí mismo y a la cultura pagana?
3. ¿De qué manera Génesis 50:19-20 se aplica al mundo hoy en día? ¿Puede usted pensar en algún ejemplo moderno de Dios utilizando el mal para lograr sus propios propósitos buenos?

OPCIONAL: Un estudio más a fondo I: Herodes, el constructor

A. La clase

Herodes fue uno de los constructores más grandes que Israel jamás haya conocido. Todo lo que construyó fue a una escala enorme, algo de lo que no se había oído antes en su mundo. Utilizó los más bellos materiales, incluyendo el mármol, el granito, mosaicos, frescos y oro. Todo lo que construía parecía desafiar la naturaleza. El palacio de Masada colgaba al extremo de una montaña de 550 metros de alto. El palacio de Jericó era un oasis en medio del desierto de Judea. El Herodión era una enorme montaña hecha con manos humanas. El monte del templo en Jerusalén era el más grande del mundo, e incluía piedras que pesaban más de 500 toneladas cada una. Cesarea incluía una piscina de agua dulce en el Mediterráneo. Es importante reconocer la grandeza de Herodes a fin de comprender totalmente la elección de fe que la gente estaba llamada a hacer al aceptar a Jesús, el pobre rabí galileo, como Mesías. Dios a menudo usa lo inesperado y lo débil. Este ejercicio provee un repaso de los proyectos de construcción de Herodes. Desde una perspectiva humana, Herodes fue un genio. Pero Dios obra desde un punto de vista muy diferente.

B. Ayudas visuales

Si tiene el plan de estudios para las Lecciones 11–18, éste sería un momento apropiado para ver las ilustraciones 76 ("La fortaleza Herodión en la cumbre de la montaña"), 77 ("Dentro del Herodión"), 78 ("La piscina del Herodión") y 79 ("El palacio inferior del Herodión"), junto con sus respectivas descripciones en la Lección 11; las ilustraciones 81 ("La fortaleza de Masada"), 82 ("La cisterna de Masada"), 83 ("Los almacenes de Masada"), y 84 ("La opulencia de Masada"), junto con sus respectivas descripciones en la Lección 12; y las ilustraciones 74 ("El teatro de Séforis"), 97 ("Séforis: Un ave sobre una colina"), y 98 ("El teatro de Cesarea"), junto con sus respectivas descripciones en la Lección 16.

C. La gloria de Cesarea

Cesarea fue una de las maravillas del mundo antiguo. Fue una magnífica ciudad con estadios modernos, un teatro y agua corriente. Su construcción tuvo lugar entre los años 22 y 9 a.C. Herodes no escatimó en gastos para hacer de éste, el puerto marítimo más grande del mundo en aquella época.

Utilice la ilustración "Cesarea", y note la relación de la ciudad con el Mar Mediterráneo. No había puerto natural, así que Herodes tuvo que crear uno. La ciudad fue construida alrededor de ese puerto.

Señale las principales características de Cesarea:

 el puerto (Sebastos)
 el palacio
 el teatro
 el anfiteatro
 el hipódromo
 el templo de Augusto
 el acueducto

1. **El puerto**
   - El puerto fue construido en la costa, donde no había ninguna bahía natural. Los trabajadores de Herodes crearon este puerto construyendo dos rompeolas. El rompeolas del sur tenía 550 metros de largo, y el del norte, 275.
   - La base para estos rompeolas estaba hecha de bloques de concreto, colocados bajo el agua (algunas veces a más de 30 metros de profundidad). Estos bloques de concreto medían 12 por 15 metros y tenían un espesor de más de 1,5 metros. Los arqueólogos han descubierto algunos de estos bloques con los moldes de madera todavía en su lugar. El concreto hidráulico era un invento nuevo en los tiempos de Herodes. El concreto estaba hecho de arena volcánica y tenía que importarse de Italia.
   - La entrada al puerto se encontraba en el extremo noroeste. Dos torres, coronadas con enormes estatuas de los miembros de la familia de Herodes, se levantaban a ambos lados de la entrada. Un faro guiaba a los barcos al puerto, y se podía ver a kilómetros de distancia. Llevaba el nombre de Druso, en honor a uno de los hijos de Augusto.
   - A lo largo de los rompeolas y en el puerto había bodegas para las enormes cantidades de bienes que pasaban por allí.
   - Cerca del templo de Augusto había un puerto interno más pequeño.
   - Los primeros misioneros encontraron este puerto conveniente para entrar y salir, llevando el evangelio por todo el mundo. Dios tenía un propósito diferente al de Herodes para ese puerto.

2. **El palacio**
   - Josefo describió el esplendor del palacio de Herodes. El consenso entre los eruditos bíblicos es que el palacio se ubicaba en la península.
   - La característica central del palacio era una gran piscina cortada en la roca suave de la península. Tenía 35 metros de largo, 18 de ancho y 2,4 de profundidad. Es probable que hubiera una estatua en la base cuadrada en el centro de la piscina. Se cree que esta piscina tenía agua dulce. Habría sido típico de Herodes desafiar a la naturaleza construyendo una piscina de agua dulce frente al agua salada del Mediterráneo.
   - La piscina estaba rodeada de habitaciones con columnatas. Hacia el oeste, una columnata semicircular se extendía hacia el mar para el disfrute de los invitados de Herodes.
   - Hacia el este había diversas habitaciones, muchas con pisos de mosaico, incluyendo cuartos de servicio para el palacio, baños calientes y fríos, y un gran salón comedor.
   - Es probable que el apóstol Pablo pasara dos años de su vida allí, ya que había sido mandado a que "le custodiasen en el pretorio de Herodes" (Hechos 23:35).
   - Mientras estuvo en el palacio de Herodes, Pablo tuvo una oportunidad de compartir el evangelio con las personas más poderosas en la tierra de Israel (Hechos 24 -26).

   Conteste las siguientes preguntas:

   ¿De qué manera usó Dios la gloria del palacio de Herodes para difundir el mensaje de Jesús?

   ¿Cuáles son algunos ejemplos de cómo Dios todavía usa lo "magnífico" y lo "poderoso" para proclamar a Jesús?

3. **El teatro**
   - Herodes estaba decidido a traer la cosmovisión romana, el helenismo, a sus súbditos temerosos de Dios. El helenismo es similar al humanismo; es un estilo de vida que se centra en la persona y que glorifica el conocimiento, el logro, y la experiencia humana, una perspectiva extraordinariamente moderna. Herodes introdujo el teatro, una de las principales instituciones formadoras de la cultura, al pueblo judío.
   - Aparentemente, el teatro estaba ubicado fuera de la ciudad debido a que sus representaciones obscenas y subidas de tono pudieron haber ofendido a los judíos de la ciudad.

- En el tiempo de Herodes, el teatro en Cesarea tenía capacidad para aproximadamente 4.000 espectadores, quienes se sentaban en bancos de piedra. El estrado de la orquesta (el espacio semicircular frente al escenario donde se sentaban las personas importantes), en el tiempo de Herodes, estaba hecho de piedra pintada de colores, y posteriormente fue cubierto de mármol. El frente del escenario (la pared de la orquesta) estaba hecha de piedra pintada, imitando el mármol. Había seis secciones de asientos en forma de cuña. La Biblia registra la muerte de Herodes Agripa I (Hechos 12:19-23), la cual, según Josefo, tuvo lugar en el teatro. También es posible que Pablo fuera interrogado allí por Félix (quien estaba casado con Drusila, bisnieta de Herodes el Grande), y por Festo, así como también por Agripa II y Berenice, su hermana (Hechos 24 -26).
- El teatro de Cesarea era seductor e irresistible para el pueblo judío, pero la comunidad religiosa se oponía a este tipo de espectáculo. Los valores representados por Cesarea (y su teatro) eran la antítesis de los de Jerusalén (y del templo). Los seguidores de Jesús hoy en día harían bien en recordar las palabras de su Maestro al luchar en el conflicto entre los valores de Jesús y los del helenismo de nuestros días, que es el secularismo.

Conteste las siguientes preguntas:

¿Qué instituciones en nuestra cultura se compararían con el teatro de Herodes? ¿Qué clase de efecto tienen estas instituciones en nuestra cultura? ¿De qué manera? ¿Cuáles son algunos ejemplos de formas en las que los cristianos contemporizan con los valores seculares de la cultura? ¿De qué manera las instituciones que dan forma a la cultura de nuestro tiempo afectan a la comunidad cristiana?

¿Cómo podemos afectar nuestra cultura participando en ella pero resistiéndonos a su efecto sobre nosotros?

OPCIONAL: Un estudio más a fondo II: Las instituciones de la cultura pagana

PAUTA: *Tal vez desee referirse a la Lección 16, Unidad Dos, Paso Dos, Discusión dirigida 3, sección "c" ("Jesús y el teatro"), y Un estudio más a fondo V ("Los teatros en el tiempo de Jesús"), para mayor información sobre este tema.*

A. El hipódromo y el anfiteatro

Tome nota de la siguiente información.
- Hace poco que se ha descubierto el hipódromo. Los arqueólogos no han publicado información concerniente a si se remonta al tiempo de Herodes. Hay otro hipódromo al este de la ciudad.
- El anfiteatro no ha sido excavado, aunque se conoce su ubicación.
- Herodes promovió el helenismo a través de los festivales deportivos que patrocinaba en Cesarea y en Jerusalén. Los juegos eran similares a las Olimpiadas. Los atletas venían de todo el mundo, buscando la gloria y los premios concedidos por Herodes.
- A menudo los juegos eran dedicados a dioses paganos. Se realizaban al desnudo. En algún momento, involucraban el derramamiento de sangre en competencias gladiatorias de humanos y animales. Los judíos religiosos consideraban que estos juegos eran inmorales.
- Durante la primera revuelta judía (66-73 d.C.) 2.500 prisioneros judíos fueron asesinados en estas arenas como gladiadores o en combates con animales.

Conteste las siguientes preguntas:
1. ¿De qué manera el mundo de los deportes influye en los valores de nuestra cultura?

2. ¿Es el atletismo apropiado para los cristianos? ¿Qué valores no cristianos promueve nuestro mundo deportivo?
3. ¿De qué manera pueden participar en deportes los cristianos sin ser afectados por los valores paganos que allí se manifiestan?
4. ¿De qué manera pueden los cristianos usar el atletismo para honrar a Dios?

B. El templo de Augusto

Tome nota de la siguiente información.
- Herodes construyó una gran plataforma sobre arcos. Sobre esta plataforma, construyó uno de los templos más grandes del mundo de ese entonces. Lo dedicó a la diosa Roma y al emperador "divino" Augusto. Los cimientos eran de más de 38 metros por 53 metros, y se cree que el templo debió haber alcanzado una altura de casi 30 metros sobre la plataforma levantada.
- Los arqueólogos creen que los muros fueron revestidos de yeso hecho del polvo del mármol, lo que hacía que el templo brillara blanco bajo el sol. Podía verse a kilómetros a la redonda. El templo albergaba estatuas colosales de Roma y de Augusto. La gente hacía sacrificios a estos dioses delante de esta edificación.

Conteste las siguientes preguntas:
1. ¿Por qué las culturas paganas crean dioses paganos? ¿Se relacionan ambos? ¿Cómo?
2. ¿Cuáles son los "dioses" de nuestra cultura? ¿Crea nuestra cultura cosmovisiones paganas, o es la adoración a estos dioses lo que las produce?
3. Lea Hechos 15:20, 29; 1 Corintios 8:1; 12:2; 1 Tesalonisenses 5:21; Apocalipsis 9:20. ¿Por qué los ídolos eran atractivos en ese mundo? ¿Por qué dejaría alguien a Dios para servir a un ídolo?
4. ¿Por qué las personas se sienten atraídas hacia los "ídolos" (dioses falsos) hoy en día? ¿Por qué las personas en nuestro mundo eligen dejar a Dios por tales ídolos?

C. El acueducto

Tome nota de la siguiente información.
- No existían fuentes naturales de agua dulce en Cesarea.
- El acueducto tenía casi 15 kilómetros de largo. Recogía el agua de los manantiales en las laderas del Monte Carmelo. El agua era transportada en un canal revestido de yeso que cruzaba un río por un puente. Luego era transportada sobre áreas más bajas por medio de una serie de arcos y a través de un canal cortado en las colinas de arenisca de la zona.
- Proveía agua corriente potable para la ciudad y para el palacio de Herodes.

D. Conclusión

Dedique unos minutos a la oración. Pídale a Dios que nos enseñe a usar las instituciones de nuestra cultura para la gloria de Él.

OPCIONAL: Un estudio más a fondo III: La ciudad de Cesarea

PAUTA: *La información en esta sección corresponde a parte del material dado anteriormente en Un estudio más a fondo II. Sería de ayuda tener la ilustración "Cesarea" a disposición para compararla con las ruinas que se muestran en las ilustraciones a continuación.*

Ilustración 149. Las ruinas del puerto. Estas son las ruinas de puertos construidos después del tiempo de Herodes. Su puerto, que fue construido sobre cimientos de concreto en el mar, ya no se ve, aunque la base del rompeolas todavía existe debajo del agua. Este logro espectacular proporcionó grandes riquezas a Herodes, las cuales usó para financiar sus muchos otros proyectos de construcción, incluyendo el monte del templo en Jerusalén. El puerto trajo la cultura y el apoyo militar romanos para que Herodes gobernara Israel. Es irónico que muy poco queda de la grandeza de Herodes, que no sea su mala reputación y sus ruinas espectaculares. A pesar de los propósitos que Herodes tenía al construir el puerto, Dios lo usó como el punto de partida o de llegada de varias de las expediciones misioneras de los primeros cristianos. A diferencia del reino de Herodes, el reino que Jesús estableció sigue creciendo.

Imagínese que estuviera al lado de Pablo mientras él miraba hacia el Mediterráneo. Dios le pidió que navegara a través de ese mar para llevar a Jesús a ese mundo. Pablo tuvo el valor y la dedicación para ir, no una, sino varias veces. Dios nos da una misión a cada uno de nosotros. Todos podemos aprender de la disposición de Pablo.

Ilustración 150. Escenas de Cesarea. Arriba: La arena de Herodes. Los restos de una gran arena (o hipódromo, que significa "pista de caballos") están emergiendo de las dunas de arena de la costa mediterránea. Los asientos de piedra en primer plano muestran el inicio de la curva del extremo sur del estadio. El Mar Mediterráneo ha hecho desaparecer el otro lado de la arena. La longitud del estadio se hace evidente a medida que las bancas continúan a la distancia. En varios lugares, muros fueron construidos por civilizaciones posteriores que ya no usaron la arena. El extremo norte está cerca de las edificaciones a la distancia, mostrando cuán grande es el estadio. Las edificaciones a la izquierda, a la distancia, se levantan sobre la base del rompeolas del puerto de Herodes. Dado que todavía no se han publicado los resultados de estas excavaciones, no ha quedado en claro quién construyó esta arena. Herodes construyó un estadio en Cesarea, pero tal vez no fue éste. Sin embargo, la magnitud y el estilo de esta arena nos dan una idea de las que él construyó en lugares como Jericó y Jerusalén.

Herodes trajo los "juegos" a la cultura judía como parte de su intento por helenizar su reino. Los eventos incluían competencias olímpicas de carreras, lucha y lanzamiento de la jabalina. Las carreras de carros eran bastante populares, al igual que las competencias gladiatorias en las que participaban hombres y animales. A menudo, los juegos eran dedicados a dioses paganos. La comunidad religiosa judía encontró estas arenas y sus competencias en total desacuerdo con su creencia en Dios, pero las arenas estuvieron presentes en la mayoría de las grandes ciudades helenistas. Ciertamente tuvieron una influencia sobre la población local, fuera ésta religiosa o no. El uso que Pablo hace de la imagen atlética (1 Corintios 9:24-27; 1 Timoteo 4:8) indica su habilidad para comunicarse utilizando el lenguaje y las imágenes que les eran familiares a sus oyentes. Al igual que en nuestra sociedad, habría sido difícil participar en actividades como los juegos, sin aceptar los valores culturales paganos que éstos promovían.

*Abajo: **El acueducto.*** El acueducto de Herodes tenía varios kilómetros de largo, y traía agua a Cesarea desde los manantiales al pie del Monte Carmelo. En gran parte de esa distancia, el canal de agua se apoyaba en una sucesión de arcos que parecía no tener fin. La estructura revestida de yeso sobre los arcos contiene canales de aproximadamente 40 centímetros de ancho por 75 centímetros de profundidad, dentro de los que el agua fluía. Demandó una sorprendente habilidad construir este largo canal, comenzando por la altura apropiada para que el agua siguiera fluyendo cuando llegara al final. Fueron necesarias grandes sumas de dinero para pagar la mano de obra necesaria a fin de lograr proyectos como éste. Cesarea era la llave que abría la puerta a la prosperidad de Herodes.

Ilustración 151. El palacio de Herodes. Hace poco se han identificado estas ruinas como el palacio de Herodes. En el centro había una piscina de agua dulce que ahora está casi totalmente llena de cieno y de piedras provenientes de la construcción misma. Al centro está el podio que se cree que era la base de una gran estatua, probablemente del emperador. La piscina tenía 35 metros de largo, 18 metros de ancho y 2,40 metros de profundidad. Una piscina de agua dulce frente al agua salada del Mar Mediterráneo era algo típico de los proyectos de Herodes, muchos de los cuales parecían intentos por desafiar a la naturaleza.

Alrededor de la parte externa de la piscina estaban las edificaciones con columnatas del palacio. Los restos a la izquierda son de un período posterior. A la distancia, se ve el extremo oeste curvo del palacio. Es probable que originalmente tuviera piso de mármol y una hilera curva de columnas. La gente habría estado en esa "cubierta" de mármol, mirando cómo las olas del mar rompían contra el palacio. En primer plano, los sacos de arena de colores cubren el piso de mosaico que probablemente se encontraba en el gran salón comedor del palacio. Estos restos nos dan un indicio de la gloria de la construcción de Herodes. El que el palacio esté en ruinas destaca el hecho de que su obra no perduró porque él construyó para sí mismo. Pablo, quien estuvo preso en este palacio (Hechos 23:35), habló de un Rey más grande para quien él estaba construyendo. El reino de su Rey todavía está construyéndose, y permanecerá para siempre.

Ilustración 152. Las ruinas del sueño de Herodes. Estas fotografías muestran algunos de los restos de Cesarea. Nos dan una idea de su gloria original y del genio del hombre que creó esta gran ciudad portuaria. Estas ruinas nos ayudan a enfrentar la pregunta real de nuestra vida: ¿Para quién construimos? Al final, la respuesta a esa pregunta es mucho más importante que lo que construimos o cómo lo construimos. La edificación de Jesús (1 Pedro 2:5) todavía permanece, todavía se está expandiendo, y durará para siempre. El rabí de Galilea, quien creció aprendiendo a construir (probablemente tanto con piedra como con madera), construyó una casa muchísimo más grande que la del rey edomita, quien usó mármol para construir las estructuras más gloriosas de su tiempo.

Parte superior izquierda: **Piso de mosaico.** Los restos de un piso de mosaico en el palacio de Herodes en Cesarea dan una pauta de su antigua gloria, aunque han sido destruidos casi por completo con el tiempo. Con frecuencia, Herodes usó pisos de mosaico en sus construcciones. De manera típica, sus pisos tenían diseños como los que aquí se muestran, utilizando variados colores y formas geométricas.

Parte superior derecha: **Friso de mármol.** Los arqueólogos sacaron del Mar Mediterráneo esta gran pieza de friso de mármol (ribete a lo largo del extremo superior de una edificación). La belleza del diseño todavía es evidente después de casi dos milenios. Dado que Israel no contaba con mármol natural, éste tenía que ser traído por barco desde algún otro lugar, a menudo desde las canteras italianas al otro lado del Mediterráneo. El amor de Herodes por la extravagancia, y por los materiales de construcción más finos, fue lo que lo motivó a traer mármol a su país en cantidades nunca vistas hasta ese momento.

Parte inferior izquierda: **Estatua romana.** El segundo mandamiento prohibía hacerse imágenes. La cultura helenista glorificaba el cuerpo humano. Estas dos cosmovisiones chocaron en los días de Herodes, cuando él trató (y en gran medida consiguió) moldear su reino en un reino helenista. Importó grandes cantidades de estatuas de mármol como ésta para embellecer sus palacios y fortalezas. Los judíos religiosos se resistían ante este deliberado intento por introducir en su mundo lo que ellos consideraban como paganismo.

Parte inferior derecha: **La piedra de Pilato.** Mientras se excavaba el teatro en 1961, los arqueólogos descubrieron esta piedra, la cual se usaba como grada para una pequeña escalera. Cuando la descubrieron, encontraron que tenía un uso secundario. Originalmente, había sido la piedra de dedicación de un templo que se levantaba cerca. La primera línea de la escritura en la piedra termina con el nombre del templo: Tiberieum, en honor al emperador Tiberio. La línea dos indica el nombre de quien dedicó el templo: Pontius Pilatus, o sea Poncio Pilato. La tercera línea indica su cargo: Prefecto de Judea. No se puede leer la cuarta línea, pero es probable que indicara que él dedicó el templo. Puesto que Pilato ocupó su cargo aproximadamente durante los años 26 al 36 d.C., y Jesús fue crucificado por Pilato alrededor del año 30 d.C., la piedra fue colocada cerca del tiempo del ministerio de Jesús, o durante el mismo. En este templo, la gente rendía tributo al "divino" Tiberio. Irónicamente, Pilato conoció al verdadero Rey del universo pero no se dio cuenta de ello.

OPCIONAL: Un estudio más a fondo IV: Cesarea y Jerusalén

La tradición judía describía a Cesarea como la hija de Edom. Esto probablemente sea una referencia a Roma. Edom, el implacable enemigo de Israel en el Antiguo Testamento, se había convertido en una referencia a Roma utilizada como un "código secreto". Roma era un enemigo cruel, así como lo había sido Edom. Roma era pagana, así como lo había sido Edom. Los juicios contra Edom le fueron aplicados a Roma (Amós 1:11; Ezequiel 25:12; 35:12-14; Salmo 137:7; Abdías). También es probable que Cesarea fuera llamada la hija de Edom ya que fue construida por Herodes, un idumeo (forma griega de "edomita"). Sea cual fuera la razón para dicha identificación, claramente indica que los judíos pensaban que Cesarea y su cultura eran un enemigo pagano.

Tome nota de los siguientes puntos:
- Roma intencionalmente trató de moldear la cultura mundial para hacerla romana (helenista). Esto ha sucedido de manera muy parecida con la forma en que los Estados Unidos ha ayudado a moldear la cultura del resto del mundo moderno.
- Herodes estaba decidido a acelerar ese proceso en Israel. Cesarea era verdaderamente una ciudad romana en todo sentido. También era la vía de entrada de la cultura helenista al país. Se convirtió en la capital romana del país.
- Un rabí del primer siglo dijo: "Si escuchan que tanto Cesarea como Jerusalén están en ruinas, o que ambas están prosperando de manera pacífica, no puede ser verdad. Sólo crean un informe que diga que Cesarea está destruida y que Jerusalén está prosperando, o que Jerusalén está destruida y que Cesarea está prosperando."
- La declaración del rabí indica que los judíos religiosos entendían que los valores y prácticas seculares, tan comunes en Cesarea, estaban en completa oposición con los de Jerusalén, donde los judíos iban a adorar a Dios en el templo. El espíritu hedonista de Cesarea no puede existir pacíficamente con el espíritu de búsqueda de Dios de Jerusalén. El placer interesado de los teatros y de las arenas de Cesarea no podía ser aceptado por personas que vivían para honrar a Yavé, el Creador del mundo.
- Cesarea era una ciudad diseñada totalmente para el desenfreno, que glorificaba el placer humano (y el pecado).

Conteste las siguientes preguntas:
1. ¿Cuáles son algunos ejemplos de actividades en nuestra cultura que son como las de Cesarea? (Posibles respuestas: Programas de televisión inapropiados, búsqueda de placer [por ejemplo el alcohol, los juegos de azar, etc.].)
2. Jerusalén representa la búsqueda del significado y del propósito en la vida por medio de la honra a Dios. Jerusalén existía para mostrarle al mundo cómo es Dios. Jerusalén representa el vivir los compromisos y ser responsable por aquellos a quienes Dios ha puesto a nuestro cuidado. ¿Cuáles son algunos aspectos de nuestra cultura que son como los de la antigua Jerusalén? (Posibles respuestas: La iglesia, la familia, los negocios cristianos.) ¿A quién conoce usted cuya vida refleje los valore de la antigua Jerusalén?

Es importante reconocer que Israel estaba en medio de una guerra por las almas de las personas durante la época del Nuevo Testamento. ¿Buscarían ellas a Dios, vivirían para Él, y le mostrarían al mundo cómo era Dios por medio de su estilo de vida, o adoptarían el helenismo con su estilo de vida egocéntrico, inmoral y que sólo busca el placer? Los judíos habrían dicho: ¿Prevalecería Cesarea o Jerusalén? ¿Acaso existe una guerra similar por el alma de nuestra cultura? ¿Cómo puede reconocerla? ¿Quién está ganando? ¿Qué puede usted hacer al respecto?

Dedique unos momentos a la oración, pidiéndole a Dios que le dé una renovación dedicada para resistirse a los valores paganos que lo rodean. Ore pidiendo oportunidades para difundir el mensaje de Dios en nuestra cultura, tal como mucha gente lo hizo en Cesarea.

6. Discusión dirigida: Sucedió en Cesarea

Cesarea era una ciudad totalmente romana cuya cultura era helenista. Su estilo de vida se basaba en la búsqueda del placer, en la glorificación egocéntrica del logro humano, y en la participación hedonista en las diversiones de moda. El espíritu de Cesarea era un espíritu de permisividad, con tal que no se afectara el derecho de nadie a la gratificación.

Cesarea era la puerta de entrada del helenismo a Israel. Es cierto que no todos los romanos y los griegos entraron por el puerto de Herodes, pero muchos sí lo hicieron. Probablemente el centurión de Capernaum (Mateo 8:5-13), los soldados que crucificaron a Jesús (Marcos 15:39, 44-45; Lucas 23:47), y Cornelio, el centurión (Hechos 10) entraran por Cesarea. Pilato, otra figura importante en el ministerio de Jesús, también vivió aquí.

El propósito de Dios para Cesarea era mucho más grande que el deseo de Herodes de difundir el helenismo. Cesarea no sólo fue el punto de partida o de llegada de muchas de las expediciones misioneras descritas en la Biblia, sino que también fue el lugar donde muchos de los hijos de Dios dieron su mensaje con denuedo a los paganos de su tiempo.

El espíritu de Cesarea (extraordinariamente moderno) estaba en conflicto directo con la cultura teocéntrica descrita en la Biblia. Los judíos religiosos resistían apasionadamente todo lo que Cesarea representaba, algunas veces con violencia. Evitaban esta ciudad cada vez que podían. Pero varios de aquellos que estuvieron dedicados a hacer de Dios el centro de su vida tuvieron una oportunidad (algunas veces en Cesarea) de compartir el mensaje de Dios con las personas que tuvieron la mayor responsabilidad de introducir la cultura romana en su mundo.

Esta sección destacará algunas de esas confrontaciones y a algunas de las personas que se atrevieron a llevar la Palabra de Dios a su cultura moderna. También considerará cómo Dios eligió usar la ciudad más moderna de esa época para un propósito muy distinto al que su creador (Herodes) había previsto. Cada una de las siguientes personas y de los siguientes eventos se relaciona de alguna manera con Cesarea. Explore esa relación, y luego note con cuánto denuedo se declaró el mensaje de Dios a los paganos. Piense en lo que puede aprender de las personas piadosas que confrontaron la cultura de su tiempo. De una manera muy real, usted también vive en "Cesarea". ¿Cómo responderá? ¿Qué es lo que Dios está haciendo a través de usted?

a. Pilato y Jesús

Lea Mateo 27:11-26; Juan 18:28-39. Luego tome nota de la siguiente información.
- Pilato era el gobernador romano de Judea.
- Cesarea era la capital romana de Judea.
- Probablemente Pilato llegó a Israel desde Roma a través de Cesarea y vivió en Cesarea. Hace poco se encontró una placa de piedra indicando que Pilato dedicó un templo en Cesarea al emperador romano Tiberio.

Conteste las siguientes preguntas:

1. ¿Qué le dicen a usted de Pilato, las preguntas que éste le hizo a Jesús?

2. El helenismo cree que la verdad depende del razonamiento humano. ¿Cómo le ayuda esto a usted a explicar la pregunta en Juan 18:38?

3. ¿Qué revelan las respuestas de Jesús en cuanto a su deseo de adaptar su mensaje para que encajara en la cosmovisión pagana de Pilato?

4. ¿En qué se parece nuestra cultura al helenismo? ¿Cuál es la verdad en nuestra cultura? ¿En qué se diferencia el sistema de valores de Dios del helenismo? ¿Cuál es la opinión que usted tiene de la verdad? (Vea Salmo 31:5; Juan 17:7.)

5. ¿Cuáles son algunos ejemplos de personas en nuestro mundo que se parecen a Pilato (es decir, los formadores de la cultura)? ¿Cómo les proclamaría usted su opinión de Dios y del mundo a estas personas?

6. ¿Se "esconde" usted del mundo secular que lo rodea, o lo desafía con el mensaje de Jesús? ¿Cuáles son algunas maneras en que usted lo puede desafiar?

7. ¿De qué manera pueden los seguidores de Jesús de hoy ser más efectivos al presentar la cosmovisión y los valores de Dios en contraste con el humanismo secular de nuestro tiempo? Dé ejemplos específicos de cómo podría hacerse esto.
8. ¿Qué podría usted hacer para presentar la cosmovisión de Dios a las personas que lo rodean? ¿Le tienen temor los cristianos al mundo secular? ¿Por qué sí o por qué no?

b. *Pedro y Cornelio*

Lea Hechos 10:1-48. Conteste las siguientes preguntas:

1. ¿Quién era Cornelio?
2. ¿Cuáles eran las creencias religiosas de Cornelio? ¿Cómo vivía él?
3. ¿A quiénes invitó para que escucharan el mensaje de Pedro?
4. ¿Cómo fue que este gentil llegó a creer en Dios? (Medite seriamente en esta pregunta.)
5. ¿Quién era Pedro? ¿Qué clase de persona era él? ¿Dónde se encontraba?
6. ¿Por qué necesitaba él una visión antes de estar listo para ir a los romanos? (Vea Hechos 10:14, 28-29.)
7. ¿Cuál fue el mensaje de Pedro? (Vea Hechos 10:34-43.)
8. ¿Por qué Pedro hizo una proclamación tan valiente? (Vea Hechos 10:42.)
9. ¿Cómo habría usted predicho que estos soldados romanos reaccionarían? (NOTA: Recuerde que estaban a las órdenes de Pilato.) ¿Por qué?
10. ¿Cómo reaccionaron? ¿Qué fue lo que causó esa reacción? (Vea Hechos 10:44.)
11. ¿Cuáles son algunas lecciones que podemos aprender de esta historia, que ocurrió en Cesarea? (Posibles respuestas: Nadie es demasiado impuro para recibir el perdón de Dios o para recibir el evangelio; Dios puede abrir el corazón de cualquiera; debemos estar dispuestos a proclamar el evangelio con denuedo, incluso a aquellos que tienen un conjunto de valores diferentes.)

Recordemos que Cesarea se convirtió en un escenario desde donde el mensaje del reino de Dios se proclamó valientemente en una cultura muy pagana, centrada en el hombre. El resultado, por la bendición de Dios, fue espectacular.

Conteste las siguientes preguntas:

1. ¿Por qué algunas veces la comunidad cristiana "se esconde" de la cultura y de los valores seculares (incluso en iglesias que no proclaman el evangelio ni alcanzan a las personas)?
2. ¿De qué manera podría usted hablar al mismo corazón de la cultura que lo rodea? ¿Tiene que estar dentro de esa cultura para hablarle a ella? ¿Por qué sí o por qué no?
3. ¿Cómo puede la iglesia desarrollar un método o un mensaje más apropiado, sin poner en peligro el contenido del mensaje? (NOTA: Pedro caminó 48 kilómetros para llevar el mensaje de Jesús a un lugar muy secular. No se quedó sentado y dijo: "Si quieren lo que yo tengo, que vengan a mí.") ¿Alguna vez busca usted a los inconversos de la manera en que Pedro lo hizo? ¿Lo hace su iglesia?
4. ¿De qué manera cree usted que Dios podría transformar los elementos paganos de su mundo del modo en que transformó a Cornelio, a sus familiares y a sus amigos? ¿Cuándo lo ha visto usted hacer eso?
5. Elija una manera en que usted podría llevar el mensaje de Jesús a la cultura a su alrededor. Luego dedique unos momentos a la oración, pidiéndole a Dios la fortaleza que necesita para seguir adelante con sus intenciones.

c. *El orgullo de la familia de Herodes*

Lea la hoja de trabajo: "Siguiendo las huellas de Herodes: La dinastía continúa" antes de comenzar esta sección.

Lea Hechos 12:1-24. Josefo, un historiador judío de ese tiempo, incluyó esta historia en sus escritos. Añadió algunos detalles adicionales:

- Agripa I era nieto de Herodes el Grande.

- Agripa I había sido educado en Roma y se había convertido en amigo cercano de Calígula y de Claudio, emperadores de Roma. Claudio le dio todo el reino de Herodes el Grande.
- El festival mencionado en Hechos era en honor al emperador Claudio.
- Las vestiduras reales de Herodes ese día estaban hechas de plata, que resplandecía bajo el sol.
- La audiencia tuvo lugar en el teatro (donde se filmó el video para esta lección). (Vea Un estudio más a fondo I, "Herodes, el constructor", parte "c", sección 3, en esta lección.)
- Josefo dijo que Herodes murió de una terrible dolencia estomacal.

Conteste las siguientes preguntas:

1. ¿En que se parecía Agripa I a Herodes el Grande, quien construyó Cesarea? (Posibles respuestas: Herodes el Grande trató de matar a Jesús [Mateo 2:13-18]; Agripa I mató a Jacobo y pensaba matar a Pedro [Hechos 12:1-3]; ambos gobernantes estaban guiados por un deseo de poder y de gloria [Mateo 2:13-18; Hechos 21-23].)
2. Lea Hechos 12:23. ¿Para quién vivió Herodes? ¿Cuál fue el resultado de su actitud?
3. ¿Qué hacemos nosotros que se parece al modo de vida de Herodes?
4. ¿Por qué es tan difícil dirigir la atención a Dios en vez de a nosotros mismos? ¿Es justo decir que muchos problemas sociales y familiares son causados por personas que viven para sí mismas? ¿Cómo puede usted evitar ese problema?

d. Cesarea y Pablo: Los viajes misioneros de Pablo

Pablo, el primer gran misionero, pasó bastante tiempo en Cesarea. Para él, Cesarea era una puerta de entrada y salida para los campos misioneros a los que Dios lo había llamado. Irónicamente, el gran puerto que Herodes había construido para traer la cultura y las armas romanas, para hacerse rico a través del comercio, y para establecer su reputación como el constructor más grande en la historia de Israel, fue usado por Dios para incrementar la difusión del evangelio.

Puesto que Dios está obrando para traer redención y restauración a su mundo, es lógico que use a personas obedientes, y cosas buenas para que sirvan sus propósitos. Pero también usa a personas impías y situaciones malignas para lograr su plan de salvación.

- Hechos 9:30; 11:25-26. En su primer viaje misionero, Pablo (Saulo) salió de Damasco y fue a Cesarea (en la ruta de comercio), y luego a Tarso y a Antioquía. Allí fue donde por primera vez se les llamó cristianos a los creyentes. El puerto marítimo de Cesarea fue el lugar desde donde Pablo se embarcó hacia Tarso.
- Hechos 18:22. Pablo regresó a Cesarea de su segundo viaje misionero. Desde allí, tal vez se fue a Jerusalén ("subió para saludar a la iglesia", probablemente refiriéndose a Jerusalén), y luego fue a Antioquía, es posible que en barco, aunque el texto no indica cómo viajó.
- Hechos 21:7. Pablo regresó a Cesarea de su tercer viaje; luego fue a Jerusalén, donde fue arrestado (Hechos 21:17-35).
- Hechos 23:23-35. Debido a que apeló a César, Pablo fue enviado a Cesarea y mantenido en custodia en el palacio de Herodes.
- Hechos 24-26. Pablo fue examinado por dos prefectos (gobernadores romanos), Félix y Festo, y por Herodes Agripa II, bisnieto de Herodes el Grande.
- Hechos 27:1. Desde el puerto de Cesarea, Pablo se embarcó en su viaje final, deteniéndose en Roma y en varios otros lugares antes de ser ejecutado.

Conteste las siguientes preguntas:

1. ¿Qué puede usted aprender del hecho de que Dios permitió a Herodes construir un puerto marítimo que sería tan importante para la primera propagación de la fe, aun cuando la intención era utilizarlo para otros propósitos? NOTA: Fue allí donde el evangelio llegó por primera vez a los gentiles (Hechos 10). Felipe también pasó 25 años de ministerio en esta ciudad (Hechos 8:40, 21:8).
2. ¿Puede usted pensar en otros grandes logros que Dios ha usado o que está usando para su reino? (Posibles respuestas: Las imprentas, la radio, la televisión, las computadoras.)
3. ¿Por qué es importante usar los mejores medios que nuestra cultura puede proveer para difundir el evangelio? ¿Por qué no habría sido apropiado para Pablo caminar en vez de usar el puerto de

la pagana Cesarea y del malvado Herodes? ¿En qué se parece ese ejemplo a los cristianos que utilizan herramientas de la cultura para traer a Dios a nuestro mundo, incluso si otros las han usado para propósitos pecaminosos?

4. ¿Qué pasaría si los cristianos se negaran a utilizar herramientas como la televisión para difundir el mensaje de Dios porque otros la han usado para el mal? ¿Por qué?

5. Dado que Dios usará los logros humanos para sus propósitos, ¿por qué fue tan absurdo que Herodes sólo construyera para sí mismo? ¿De qué manera le ayuda eso a usted?

e. Cesarea y Pablo: *La apelación de Pablo a César*

Pablo fue a Cesarea, la peor de las ciudades paganas en la antigua Israel. Allí se encontró con las personas más poderosas de su tiempo, personas que estaban totalmente comprometidas con la cosmovisión que apoyaba el estilo de vida romano de Cesarea. ¿Cómo reaccionó Pablo? ¿Puso en peligro su mensaje? ¿Dijo lo que era políticamente aceptable? Los siguientes pasajes proporcionan las respuestas a estas preguntas y nos pueden enseñar algunas lecciones muy importantes.

Todos los eventos descritos en estos versículos tuvieron lugar en Cesarea.

- Hechos 21:27-36: Pablo fue arrestado.
- Hechos 23:23-35: Pablo fue enviado a Cesarea y mantenido en el palacio de Herodes.
- Hechos 24: Pablo fue juzgado por Félix, el gobernador romano.
- Hechos 24:24-25 (Drusila era hija de Herodes Agripa I): ¿De qué manera el conocimiento que Pablo tenía de sus oyentes afectó su mensaje?
- Hechos 25-26: Pablo fue juzgado ante Festo, el nuevo gobernador romano, y ante Herodes Agripa II, el nuevo rey judío.
- Hechos 26:1-23: ¿Cuál fue el mensaje de Pablo en este pasaje? ¿Afectaron las personas poderosas de la cultura su mensaje aquí?
- Hechos 26:24: ¿Cómo respondió el comandante romano a lo que decía Pablo?
- Hechos 26:28: ¿Cómo respondió Agripa?

Conteste las siguientes preguntas:

1. ¿Qué lecciones puede aprender de la confrontación de Pablo con la cultura pecaminosa de su tiempo (y con aquellos que le dieron forma)?

2. Lea Mateo 28:19; Hechos 1:8; Lucas 21:12. ¿A quiénes deben ser testigos los seguidores de Jesús? ¿Cómo puede usted dar testimonio a las personas poderosas del mundo?

3. ¿Cómo pueden los miembros de la comunidad cristiana hacerse más efectivos como testigos de Dios en una cultura que no reconoce a Dios? ¿Cómo puede usted hacerlo?

4. ¿Alguna vez ha "diluido" usted su testimonio? ¿Por qué es tan fácil para nosotros cambiar nuestro mensaje cuando se lo presentamos a otros?

5. ¿Cómo puede usted ser más efectivo para mostrar a Dios en el trabajo? ¿En sus estudios? ¿En su familia?

OPCIONAL: Un estudio más a fondo V: Tan cerca

Pocas personas han estado más cerca de la salvación que la familia de Herodes. Muy pocos han tenido tantas oportunidades de conocer al Mesías y de escuchar su enseñanza. Busque los siguientes versículos, y tome nota de los encuentros que la familia de Herodes tuvo con Jesús y con su mensaje:

Herodes el Grande	Mateo 2:1-8, 13-18
Antipas (hijo de Herodes el Grande)	Marcos 6:14-29; Lucas 23:8-12
Agripa I (nieto de Herodes el Grande)	Hechos 12:1-5, 18-24
Drusila (esposa del gobernador Félix e hija de Agripa I)	Hechos 24:24-26

> Agripa II (bisnieto de Herodes el Grande)   Hechos 25:13, 23; 26:1-29
> Berenice (bisnieta de Herodes el Grande)   Hechos 25:13, 23; 26:1-29
>
> Conteste las siguientes preguntas:
> 1. ¿Por qué cree usted que nadie de la familia de Herodes creyó en el mensaje de Jesús?
> 2. Lea Hechos 26:28. ¿Qué es lo irónico acerca de esta conversación entre Pablo y Agripa II?
> 3. Por qué es tan importante para las personas responder al mensaje de Jesús inmediatamente después de oírlo?
> 4. Si alguien está cerca de creer en Jesús, ¿qué podemos hacer para ayudar a esta persona a acercarse más a la fe salvadora?

7. Discusión dirigida: De vuelta a donde empezamos

En la primera lección de la serie: "De pie en la encrucijada", aprendimos que Dios coloca a su pueblo en la encrucijada del mundo como piedras de testimonio. Fuimos a Gezer, unas ruinas antiguas, porque se encontraba en la encrucijada de la antigua ruta de comercio algunas veces llamada la Vía Maris. Allí todo el mundo podía ver al pueblo de Dios como piedras de testimonio, personas cuya misma vida señalaba a Dios, de la misma forma que las piedras que los pueblos antiguos levantaron para dar testimonio de que Dios había actuado en ese lugar.

Jesús fue a vivir y a enseñar en Galilea junto a la Vía Maris, que se traduce como "el camino del mar" (Mateo 4:15). Él también enseñó en un lugar donde el mundo podía verlo, porque el mundo necesitaba de su mensaje y de su obra salvadora.

Los primeros cristianos también fueron llevados a las encrucijadas. Cesarea, sobre la Vía Maris, unía a Israel con el resto del mundo. Estos cristianos tuvieron una oportunidad de hablarle al mundo. Las personas poderosas que daban forma a la cultura estuvieron entre sus oyentes. Estos primeros cristianos fueron piedras de testimonio. Ellos hablaron y actuaron con denuedo y en obediencia. No contemporizaron ni se escondieron en iglesias ni en sinagogas. Vivieron entre aquellos que necesitaban a Jesús, y hablaron de su fe, y la vivieron. Algunas veces fueron ridiculizados y perseguidos, pero Dios fue honrado. Y a través de ellos, muchas personas en todo el mundo (incluyendo a los cristianos no judíos de nuestro tiempo) llegaron a conocer al Dios de Israel y a su Mesías.

Ahora es nuestro turno. Nosotros también vivimos en las encrucijadas, especialmente aquellos de nosotros que tenemos acceso a la tecnología moderna. Estamos comprometidos a darle forma a nuestro mundo; el mundo nos está observando. El llamado que Dios nos hace es el de ser piedras de testimonio y maestros, proclamadores valientes del mensaje de Dios a un mundo que lo necesita desesperadamente. Si no lo hacemos es porque no tenemos el compromiso total que Pedro, que Pablo y que muchos otros mostraron.

Conteste las siguientes preguntas:

a. ¿De qué manera es usted un testigo de Dios?

b. ¿Se ha comprometido totalmente con Dios? Si es así, ¿cómo se muestra esto en su vida?

c. ¿Cuáles son algunos ejemplos de maneras en que Dios cambió el mundo a través del testimonio de su pueblo?

d. ¿Cómo puede Dios usar hoy el testimonio de su pueblo para cambiarlo?

e. ¿Quién es su personaje favorito de la Biblia? ¿Cómo fue esa persona un testigo de Dios? Haga un compromiso delante de Dios y trate de ser más como esa persona al ser usted un testigo en su mundo.

Conclusión

El video *Compromiso total* muestra dos tipos de piedras. De estas piedras, podemos aprender una lección clave para ser testigos de Dios y llevar a otras personas a Él. Una de estas piedras es el mármol, y la otra es la caliza. Recuerde sus historias.

Mármol — El gran rey Herodes importó mármol desde Italia para construir su gloriosa ciudad de Cesarea. Muchas de las ciudades y de las edificaciones de Herodes fueron cubiertas con esa piedra. Él construyó estas magníficas estructuras para que las personas pudieran recordarlo y honrarlo como un gran rey. Herodes vivió para sí mismo.

Hoy en día, estas magníficas creaciones están en ruinas. Algunos pedazos de mármol están esparcidos por la tierra, y otros están enterrados debajo del mar. En Cesarea, gran parte del bello mármol de Herodes es traído por la corriente a la costa del Mediterráneo, donde fue echado por los ejércitos conquistadores. La gente camina por la orilla y recoge pedazos rotos de los monumentos que Herodes hizo para sí mismo. Nada más que ruinas han quedado debido a que sólo construyó para sí mismo. La mayoría de la gente no recuerda otra cosa de Herodes que la matanza de los bebés que ordenó en Belén en la época de la Navidad.

Caliza — Cuando era niño, el rey David recogía caliza en un pequeño arroyo en el Valle de Ela. Como era pastor, estaba familiarizado con las hondas y las piedras. Cuando su Dios fue desafiado, David hizo lo único que sabía hacer para defenderse: tiró una piedra.

Antes que David matara a Goliat, él le dijo a su enemigo gigantesco por qué iba a tirar la piedra: "Y toda la tierra sabrá que hay Dios en Israel" (1 Samuel 17:46). David salvó al pueblo de Dios, quienes eran los antepasados terrenales de Jesús, y nunca ha sido olvidado. La suya es una de las primeras historias que los niños aprenden. Los efectos de lo que hizo perdurarán por siempre, porque lo que hizo fue para Dios y no para sí mismo.

Tanto Herodes como David fueron grandes reyes. Ambos amaban las piedras. Herodes construyó para sí mismo, y hoy las personas recogen las ruinas de lo que él dejó tras de sí. David actuó en el nombre de Dios, y nunca olvidaremos su gran legado.

Nosotros también hemos recibido piedras, y nuestras piedras son los talentos, las oportunidades, los recursos que tenemos. Algunos de nosotros tenemos mármol, es decir, muchos talentos y grandes oportunidades y recursos. Otros tenemos caliza, es decir, talentos y responsabilidades comunes. No importa qué piedras tengamos, estamos construyendo con nuestra vida. La pregunta es: ¿Para quién construimos? Si estamos construyendo para nosotros mismos, ya sea con mármol o con caliza, algún día otros recogerán las piezas rotas de nuestros sueños, porque eso es todo lo que quedará. Si estamos construyendo para Dios, ya sea con mármol o con caliza, lo que construiremos permanecerá para siempre.

Dedique unos momentos a la oración, pidiéndole a nuestro Señor que nos ayude a comprometernos totalmente con Él como sus testigos, para que el mundo sepa que Él es el único Dios verdadero.

Lección 27
Hoja de trabajo No. 1

SIGUIENDO LAS HUELLAS DE HERODES: LA DINASTÍA CONTINÚA

Herodes yacía agonizando en su opulento palacio en Jericó. Había estado gravemente enfermo por largo tiempo. Por la descripción encontrada en los escritos de Josefo, Herodes tenía gangrena, picazón severa, convulsiones y úlceras. Sus pies estaban llenos de tumores, y tenía una fiebre constante. El estadio de Jericó estaba lleno de gente importante de todas partes de su país, quienes serían asesinados al momento de su muerte, si nadie lloraba cuando él muriera. Parecía no importar el hecho de que el pueblo no llorara por él, pero sí que llorara.

En su lecho de muerte, tal vez los pensamientos de Herodes se hayan dirigido hacia los rabíes y sus alumnos, a quienes había mandado ejecutar hacía poco por echar abajo el águila romana de la puerta del templo porque violaba la ley de Dios contra las imágenes. Tal vez reflexionaba en los dos hijos de su amada esposa Mariamne, a quienes había hecho ahogar en la piscina de ese mismo palacio. Podría haber recordado la ejecución de su hijo favorito, Antipáter, hacía sólo unos cuantos días, por tramar un complot contra él. Antipáter era el que habría de tomar el lugar de su padre. O tal vez pensó en los 45 miembros del Sanedrín que había asesinado, o en los cientos de familiares y miembros de su personal de quienes sospechó de haber tramado contra él, o en los miles de súbditos que murieron en su sanguinaria campaña por reclamar un país que ellos creían que él no tenía derecho a gobernar. Es posible que Herodes también recordara, aunque sólo brevemente, la masacre de unos cuantos bebés varones en un pueblo cercano a su sólida fortaleza Herodión, la cual pronto sería su tumba.

El testamento de Herodes

Mientras estaba muriendo en Jericó, Herodes cambió su testamento luego de la ejecución de su hijo Antipáter. Arquelao, el hijo que tuvo con Maltace, su esposa samaritana, recibió el mejor territorio: Judea, Samaria e Idumea. Herodes Felipe, hijo de Cleopatra, su quinta esposa, gobernaría el área al noreste del Mar de Galilea: Gaulanítida, Batanea, Traconítida y Auranítida. Herodes Antipas, otro hijo de Maltace, recibió Galilea y Perea. Muy poco tiempo después de hacer conocer su testamento, Herodes murió y fue enterrado con pompa y solemnidad en el Herodión, desde donde se veían los campos de Belén.

Los codiciosos hijos de Herodes fueron a Roma a pedir más tierras. Una delegación de Judea y de Jerusalén, cansada de la dinastía de Herodes, también fue a Roma para pedirle al emperador, Augusto, que nombrara a otra persona para que los gobernara. Mientras estuvieron fuera, el país estaba en caos. Todavía molestos por el asesinato de los rabíes y sus estudiantes a manos de Herodes, los judíos causaron disturbios en Jerusalén durante Pentecostés. El gobernador romano de Siria fue con soldados, y la lucha estalló en todo el país. Judas, un zelote de Gamala, tomó Séforis, y saqueó el arsenal y el palacio.

Las tropas romanas aplastaron la revuelta de una manera muy sanguinaria. Jerusalén fue recuperada de manos de los rebeldes, y más de 2.000 de ellos fueron crucificados. Séforis también fue retomada, y los habitantes que sobrevivieron, fueron vendidos como esclavos.

Finalmente, Augusto tomó una decisión. Para gran desilusión de casi todos, hizo valer el testamento de Herodes. El país pertenecería a los tres hijos de Herodes, aunque ninguno de los hermanos fue nombrado rey. Arquelao fue nombrado etnarca, una posición ligeramente superior a la de tetrarca, que fue la que sus hermanos recibieron.

Corría el año 4 a.C., y José y María recibieron esta noticia en un sueño (Mateo 2:19-23).

Herodes Arquelao

Arquelao gobernó en Jerusalén durante diez años. Capturó a la delegación que había ido a Roma, y como digno hijo de su padre, los ejecutó a ellos y a su familia, y confiscó sus propiedades. Arquelao tenía todas las malas cualidades de Herodes, y su reinado fue tan sangriento como el de su padre. En el año 6 d.C., otra delegación de habitantes de Judea arriesgaron su vida y fueron a Roma a acusar a Herodes de quebrantar el mandato del emperador de gobernar pacíficamente. Arquelao fue mandado a llamar a Roma y desterrado a Galias, desapareciendo de la historia en ese momento. Judea, Samaria e Idumea recibieron el nombre de Provincia Romana de Judea, para ser directamente gobernadas por Roma bajo un prefecto militar, a quien se le conferirían plenos poderes para infligir la pena de muerte. Coponio fue el primer prefecto nombrado; Poncio Pilato gobernó unos años después. Judea ya no le debía lealtad a la familia de Herodes.

Durante el corto y sangriento reinado de Arquelao, Dios les dijo a José y María, que habían huido a Egipto durante el reinado de Herodes el Grande porque éste había tratado de asesinar a su bebé, que Herodes había muerto (Mateo 2:1-23). Ya podían regresar a su hogar a salvo. Cuando llegaron a Judea, donde aparentemente habían pensado establecerse (tal vez en Belén), supieron de Arquelao, y decidieron no arriesgarse a ver a otro sanguinario Herodes, quien sin duda actuaría con tanta crueldad como su padre por temor de perder su trono (Mateo 2:22). Bordearon su territorio y se establecieron en Nazaret, bajo el gobierno de Herodes Antipas, cumpliendo así la profecía (Mateo 2:23).

La gente no olvidó al cruel Arquelao tan pronto. Años después, el sangriento inicio de su reinado daría las bases para una parábola ingeniosa aunque tal vez peligrosa (Lucas 19:11-27). Sin embargo, Jesús llevaría a cabo su ministerio bajo la atenta mirada del hermano menor de Arquelao.

Herodes Felipe

Herodes Felipe recibió el territorio al norte y al este del Mar de Galilea. Esta área era extensa pero bastante pobre. Felipe era un tetrarca amante de la paz, un excelente administrador, y un gobernante justo. La mayoría de sus súbditos eran gentiles, lo que probablemente le ahorró la carga de tener que tratar con las luchas internas del pueblo judío, y la constante aparición de hombres que se proclamaban a sí mismos como el mesías.

Felipe estableció su capital en Cesarea de Filipo, ampliando una ciudad en su mayoría pagana, y construyendo un templo a sus dioses. Posteriormente, Jesús llevó a sus discípulos allí para dejar impresa en ellos la realidad de que su iglesia se convertiría en la comunidad dominante en el mundo (Mateo 16:13-20). Fue en este escenario pagano donde Pedro proclamó a Jesús como el Mesías.

Felipe también construyó una ciudad, llamada Julias, cerca o en el sitio de Betsaida, muy cerca del lugar donde el Río Jordán desemboca en el Mar de Galilea. Los discípulos de Jesús, Pedro, Andrés y Felipe, venían de esa ciudad (Juan 1:43-44).

Herodes Felipe se casó con su sobrina, Salomé, hija de Herodías y una célebre bailarina, según el hermano de éste (Mateo 14:1-12). Después de un pacífico reinado de 37 años, Felipe murió y fue enterrado en Julias.

El gobierno de su medio hermano, Herodes Antipas, no fue tan pacífico. Antipas fue el único Herodes que conoció al Mesías personalmente.

Herodes Antipas

La perspectiva de la historia

Se le recuerda a Antipas como un gobernante destacado que trajo paz y prosperidad a su país por más de 40 años. Sus territorios de Galilea y de Perea estaban entre los más religiosos de Israel. Antipas trató de evitar ofender a sus súbditos judíos y su devoción a la Tora, por ejemplo, al negarse a acuñar monedas con imágenes en ellas. Tanto los fariseos como los herodianos (este último, un numeroso grupo secular de la clase social alta que probablemente se formó durante su reinado), lo apoyaban.

A sólo cinco kilómetros de Nazaret, Antipas construyó la magnífica ciudad de Séforis, que funcionaba como su capital. Ciertamente el joven Jesús debió haber observado la construcción de Séforis sobre una colina al norte de su pueblo natal. Tal vez incluso trabajó allí, dado que muchos de los constructores (carpinteros) en la zona trabajaron en la construcción de Séforis.

El proyecto más grande de Herodes Antipas fue la ciudad de Tiberias, a orillas del Mar de Galilea. Construida cerca de unos manantiales de aguas termales, era una de las ciudades más bellas de Galilea. Tenía lo mejor de todo, incluyendo un estadio, baños termales y un gran palacio. Los judíos religiosos de la zona (donde Jesús ministraba) no estaban dispuestos a entrar a Tiberias porque se suponía que había sido construida sobre un cementerio y, por lo tanto, estaba profanada, de acuerdo con la ley del Antiguo Testamento (Números 5:2). La ciudad probablemente fue concluida poco tiempo después que Jesús se trasladó a Capernaum, a unos pocos kilómetros de distancia. Los habitantes de Capernaum podían ver Tiberias con toda claridad (al igual que los zelotes en Gamala, quienes odiaban a Herodes con esa pasión que sólo la devoción religiosa puede inspirar).

Durante la mayor parte de su vida, Antipas tuvo el apoyo de Tiberio, el emperador romano en cuyo honor fue llamada su capital. Cuando Tiberio murió, el rival y pariente de Antipas, Herodes Agripa (Agripa era nieto del padre de Antipas) lo acusó de tramar contra Roma. Calígula, el nuevo emperador, exilió a Antipas y reclamó sus propiedades. Y en ese momento, Herodes Antipas desapareció silenciosamente de la historia.

La perspectiva de la Biblia

La Biblia presenta un cuadro muy diferente de este hijo de Herodes el Grande. De acuerdo con los autores del Nuevo Testamento, Antipas era un intrigante y el archienemigo de Jesús de Nazaret. Antipas se había casado con la hija del rey nabateo Aretas. Durante una vista a su hermano Felipe (no el Herodes Felipe que era rey en el norte), Antipas se enamoró de Herodías, la esposa de Felipe. Antipas se divorció de su esposa y se casó con la esposa de su hermano mientras Felipe todavía estaba vivo. Puesto que esto estaba prohibido por la ley (Levítico 18:16), Herodes Antipas provocó la amarga oposición de los judíos religiosos a quienes gobernaba, incluyendo la de un predicador en el desierto llamado Juan. La misión de Juan era preparar el camino para el Señor en el desierto, y le recordó a Herodes que no le era lícito tener la esposa que tenía (Mateo 14:1-12; Marcos 6:14-29). El llamado de Juan a dejar el pecado, simbolizado por el bautismo, fue popular entre los judíos religiosos, quienes esperaban al Mesías en cualquier momento. Si el camino estuviera preparado (es decir, si todos vivieran de acuerdo con la ley de Dios), ciertamente el Mesías llegaría.

La severa crítica de Juan hacia Antipas puso el dedo en la llaga. Juan fue arrestado y encarcelado. Con ocasión del cumpleaños de Herodes Antipas, la hija de Herodías, Salomé (quien posteriormente se casaría con Herodes Felipe) bailó provocativamente, y obtuvo el favor de Antipas. Su madre alentó a Salomé a pedir la ejecución de Juan, por cuanto obviamente ella también estaba cansada de ser públicamente criticada por esta figura popular. Atrapado, y probablemente también algo ebrio, Herodes Antipas accedió, y Juan fue decapitado. (Algunos eruditos bíblicos señalan a Tiberias como el lugar de la ejecución, a unos ocho kilómetros de Capernaum, el pueblo de Jesús.) El hecho habría de atormentar a Herodes. El pueblo judío amaba a Juan y odiaba a Antipas. El rey, creyendo que Juan era en verdad un auténtico profeta, temió las consecuencias de este hecho hasta casi el final de su vida (Lucas 23:6-12).

Para empeorar las cosas, su esposa divorciada huyó a la casa de su padre, el rey Aretas, quien le declaró la guerra a su yerno infiel. Herodes fue derrotado, un evento que sus súbditos atribuyeron a que él había quebrantado la ley de Dios. Calígula envió un ejército para rescatarlo y para proteger su reino. Pero con este hecho, Antipas comenzó a perder el apoyo de Roma. Su matrimonio impío finalmente lo llevó a la ruina, a pesar de la ejecución de aquel que lo criticaba. La ejecución de Juan también trajo la oposición de otro rabí judío aun más grande.

Antipas y Jesús

Herodes Antipas fue el único miembro de su familia que vio a Jesús cara a cara. Su padre, Herodes el Grande, había vivido cerca del lugar de nacimiento de Jesús en Belén, e incluso había buscado al bebé (Mateo 2:1-18). Pero aparentemente, Herodes nunca conoció a Jesús. Felipe vivía sólo a unos cuantos kilómetros de la zona donde Jesús realizó la mayoría de sus milagros (Mateo 11:20-21), pero no existe registro alguno que indique que ambos hombres llegaran a conocerse personalmente. Por otro lado, Antipas pasó años tratando de conocer a Jesús, y finalmente tuvo una oportunidad.

Después del asesinato de Juan, Herodes y Jesús estuvieron en constante oposición. Jesús criticaba a Antipas por nombre (Marcos 8:15; Lucas 13:31-33), llamándolo "esa zorra", el equivalente cultural de "débil". Cuando ambos hombres finalmente se encontraron en el patio donde Jesús estaba siendo juzgado, Jesús se negó a hablarle a Herodes (Lucas 23:9). Herodes se burló y lo insultó (Lucas 23:11; Hechos 4:27), perdiendo con ello su oportunidad de salvación. Tristemente, Antipas no tuvo mejor final que su padre y hermanos.

La vida de Antipas estuvo atormentada por la ejecución de Juan y por la aparición de Jesús. Temía que Jesús fuera Juan resucitado de los muertos (Marcos 6:14-16; Mateo 14:1-2; Lucas 9:7-9). Sin embargo, tramó la muerte de Jesús (Lucas 13:31-33), siendo éste último advertido de este complot por los fariseos.

La ejecución de Jesús demostró causar mucha más conmoción que la de Juan, pero Herodes no vivió lo suficiente para ver esa realidad.

Los otros

Herodes Agripa I

Herodes el Grande amaba a su esposa Mariamne más que a nadie en el mundo. Cuando la mandó ejecutar por un supuesto amorío, su dolor no conoció límites. Pero aun así ejecutó a su hijo sin pensarlo dos veces. Irónicamente, el nieto de ella, Herodes Agripa I, continuó con la dinastía de Herodes, y gobernó el territorio que anteriormente le había pertenecido a Felipe (el área al norte y al este del Mar de Galilea) entre los años 37 y 41 d.C., y fue rey de Judea entre los años 41 y 44 d.C. Mientras estuvo educándose en Roma, Agripa se hizo amigo de Calígula, quien, como emperador, apoyó a Agripa. Cuando Calígula murió, el nuevo emperador, Claudio, siguió apoyándolo, y por un corto tiempo, el territorio de Agripa fue casi tan grande como el de su abuelo.

Agripa también supo de Jesús. Determinó que los seguidores de Jesús, la causa de la caída de su tío Antipas, debían ser eliminados. Agripa asesinó al discípulo Jacobo y encarceló a Pedro y a otros (Hechos 12:1-19). La frustración de Agripa debió de ser tan grande como la de Antipas, al enterarse que Pedro había desaparecido de la cárcel. Demostrando ser un auténtico Herodes, Agripa mandó ejecutar a los guardas.

Más tarde, Agripa fue a Cesarea para celebrar un festival en honor del emperador Claudio. Al recibir la adulación de las multitudes que lo admiraban, Herodes cayó fulminado, víctima del orgullo familiar (Hechos 12:19-23).

Herodes Agripa conoció a los discípulos de Jesús y oyó el evangelio. Su hijo, Agripa II, se negó a llegar tan lejos.

Herodes Agripa II

Herodes Agripa II tenía 17 años cuando su padre cayó muerto en Cesarea. Como su padre, Agripa II fue educado en Roma. En el año 50 d.C., César lo nombró rey sobre una pequeña parte de los territorios de su padre. Tenía cierta autoridad sobre Jerusalén y se le permitía nombrar al sumo sacerdote.

Agripa II hizo mucho para promover la cultura helenista en su reino. Cuando la revuelta judía contra Roma comenzó en el año 66 d.C., trató de persuadir a sus súbditos a no luchar contra los romanos. En ese momento, apoyaba totalmente a Roma e incluso fue herido en la batalla de Gamala, cerca de Capernaum, el pueblo de Jesús. Cuando los romanos finalmente derrotaron a los rebeldes judíos, Agripa II invitó a las legiones a Cesarea de Filipo para que descansaran y celebraran su victoria.

En Hechos 21, el comandante romano de Jerusalén arrestó a un "rabí", Pablo, que había creado disturbios en el monte del templo. Para asegurarse de que Pablo, un ciudadano romano, recibiera un juicio justo, y que no fuera linchado por una turba furiosa, el oficial lo mandó a Cesarea (Hechos 24). El gobernador Félix, que estaba casado con la hermana de Agripa, Drusila (nieta de Herodes el Grande e hija de Agripa I), dejó su cargo antes de dictar una sentencia. Su sucesor fue un hombre llamado Festo. Cuando Agripa II y su hermana Berenice (otra nieta de Herodes el Grande e hija de Agripa I) vinieron a Cesarea, Festo los invitó a oír la causa de Pablo (Hechos 25). Agripa pidió escuchar la defensa de Pablo (Hechos 25:22). Tanto Berenice como Agripa oyeron una proclamación grandilocuente de las buenas nuevas del Mesías, Jesús de Nazaret, quien había nacido cerca de Herodes el Grande (que había tratado de matarlo), quien había predicado cerca de Herodes Antipas (que trató de matarlo), quien había sido juzgado por Antipas (que lo sentenció a morir), y quien había fundado un nuevo movimiento de judíos y gentiles (que Agripa I había tratado de eliminar). Festo pensó que Pablo estaba loco (Hechos 26:24), y Agripa II, aunque fascinado, no fue persuadido (Hechos 26:28). Él y Berenice determinaron que Pablo no era culpable, pero permitieron que fuera enviado a César en Roma (donde Pablo también sería ejecutado).

Tan cerca

Pocas familias en la historia han estado tan cerca del mensaje más grande que el mundo jamás haya oído. Uno tras otro, los miembros de la familia Herodes tuvieron contacto directo o indirecto con Jesús o con sus seguidores. Uno tras otro, asesinaron o trataron de asesinar a cualquiera que estuviese ligado a Jesús. Es difícil de entender cómo alguien pudo estar tan cerca y al mismo tiempo, tan lejos de Jesús. Tal vez la familia de Herodes, que descendía de Esaú y de Edom, simplemente cumplió las profecías (Génesis 25:23; Números 24:17; Abdías 8-21).

La familia de reyes más poderosa de Israel tuvo durante muchos años la oportunidad de conocer y de servir al Rey del universo. En vez de ello, ejemplificaron el destino final de aquellos que no reconocen al Mesías. Vivieron sólo para sí mismos, y no para que el mundo supiera "que hay Dios en Israel" (1 Samuel 17:46).

Glosario

Aelia Capitolina: Adriano, el emperador romano, destruyó Jerusalén después de derrotar a los judíos durante la segunda revuelta judía (132-135 d.C.). La rebautizó Aelia Capitolina y erigió un templo (sobre las ruinas del templo judío) al dios romano Júpiter.

Antonia: Herodes el Grande reconstruyó la fortaleza asmonea (Birá) en Jerusalén, junto al monte del templo y la llamó la Antonia, en honor a Marco Antonio. Las tropas romanas estaban estacionadas aquí.

Asmoneos: Dinastía de reyes judíos que pertenecían a la familia también conocida como los macabeos.

Babilonia, babilonios: En hebreo, Babel. Ciudad capital de Mesopotamia, ubicada sobre el río Éufrates y vecina de Asiria. Considerada en el tiempo del profeta Jeremías como la ciudad más grande y más bella del Oriente Medio. Era un enorme poder político y económico que ejercía gran influencia sobre los israelitas. Los babilonios llevaron a los hijos de Israel al exilio en el año 586 a.C., por 70 años. El retorno de este exilio estableció a un pueblo de donde Jesús nacería, y un reino en la tierra de Israel.

Banquete mesiánico: Una manera de describir el gran banquete (también llamado la fiesta de bodas del Cordero) que se celebrará cuando el Mesías venga.

Belial: Que en hebreo significa "despreciable". Llegó a ser la aplicación que los esenios y los cristianos primitivos (2 Corintios 6) le dieron al diablo.

Betsaida: Una de las tres ciudades principales del ministerio de Jesús en Galilea. Este pequeño y próspero pueblo pesquero en la ribera norte del Mar de Galilea recibió el nuevo nombre de Julias y fue reconstruida por Felipe el Tetrarca. Hogar de los apóstoles Pedro, Felipe y Andrés. Cerca de este pueblo, Jesús hizo el milagro de alimentar a cinco mil personas. Su ubicación era incierta hasta hace poco, cuando los arqueólogos excavaron las ruinas.

Bet-seán: Ciudad en la entrada oriental al valle de Jezreel. Los filisteos colgaron los cuerpos de Saúl y de Jonatán desde sus muros.

Cesarea: Ciudad portuaria y capital provincial de la provincia romana de Judea. Herodes construyó un espectacular puerto hecho por mano humana, con dos rompeolas, para unir el país con el comercio mundial.

Cesarea de Filipo: Gran ciudad helenista reconstruida y a la que Felipe el Tetrarca le cambió el nombre. Ubicada sobre el Monte Hermón, en la parte superior del Valle del Jordán, cerca del manantial de Panias, una de las tres cabeceras del río Jordán, y lugar de un gran templo pagano dedicado a Pan, el dios romano de la fertilidad.

Canaán, cananeo: Nombre del Antiguo Testamento dado a la Tierra Prometida, que significa, "tierra de púrpura", probablemente refiriéndose al color del tinte producido por un molusco a lo largo de la costa de Canaán. Cananeo se refiere a uno que vivía en Canaán; un sinónimo de mercader o comerciante; el pueblo que vivía en Israel antes de la llegada de los israelitas.

Columnatas: Hileras de columnas espaciadas de manera exacta entre sí, que soportan arcos o un techo. Las calles romanas del primer siglo a menudo tenían columnatas a ambos lados.

Corazín: Ciudad al norte del Mar de Galilea, donde Jesús realizó muchos milagros. Jesús condenó a la ciudad por su incredulidad.

Decápolis: Diez ciudades helenistas establecidas en tiempos de Alejandro Magno al este del Mar de Galilea y al norte de la región de Perea. Posteriormente, el emperador romano Pompeyo organizó las ciudades en una liga llamada la Decápolis, las cuales tenían una gran población de tropas del ejército romano. Una antigua creencia judía dice que el área estaba poblada por paganos que Josué había echado fuera de la Tierra Prometida (Josué 3), y se convirtió en una "zona prohibida" para los judíos que seguían la ley de Dios. En el Nuevo Testamento, se refiere a algunas ciudades donde Jesús ministró a los gentiles y demostró su disposición de llevar su mensaje a todo aquel que necesitara oír sus palabras. Las diez ciudades eran Pela, Damasco, Filadelfia, Canatá, Dión, Escitópolis (Bet-seán), Hipo, Gadara, Rafaná y Gerasa.

Desierto de Judea: Laderas orientales de las montañas de Judea que forman un caluroso desierto de 16 kilómetros de ancho por 48 kilómetros de largo, frecuentemente usado como refugio por aquellos que se esconden o que buscan retiro espiritual, entre los que se incluye a los esenios en Qumrán, a Juan el Bautista, a David y a Jesús. Lugar donde se encuentra Masada, donde tuvo lugar la última batalla de la primera revuelta judía.

Desierto de Zin: Nombre de parte del desierto del Neguev exactamente al oeste del Valle del Jordán. Su nombre viene del nombre del lecho de río en la zona: Zin.

Egipto, egipcio(s): País y civilización al sur y al oeste de Israel que floreció a lo largo de las riberas del río Nilo. Durante el tiempo de Moisés, fue el hogar de los judíos esclavizados. Parte del imperio romano durante el primer siglo. En toda la Biblia, Egipto dependía económicamente de las civilizaciones orientales de Mesopotamia (Babilonia, Asiria y Persia). Las rutas comerciales que conectaban Egipto con estos imperios pasaban a través de los pasos montañosos de Israel. Al colocar a su pueblo entre los egipcios y los imperios orientales, Dios garantizaba que todo el mundo conocido oiría su mensaje.

En-gadi: Significa "lugar del cabrito". Un cañón y colinas circundantes llenos de manantiales que permitieron que un exuberante oasis floreciera en la árida orilla oeste del Mar Muerto. Fue aquí donde David se escondió de Saúl y posiblemente escribió varios salmos.

Escitópolis (Bet-seán): Una de las ciudades más antiguas de la Decápolis. Originalmente, Bet-seán, rebautizada con el nombre de Escitópolis, o "ciudad de escitas", después de la conquista de Alejandro Magno. Con reputación de tener abundancia de agua y de tierras fértiles. Ubicada en el camino por donde los galileos entraban al Valle del Jordán hacia Jerusalén.

Esenio(s): Un grupo religioso altamente organizado que renunció a la clase dirigente sacerdotal y se vieron a sí mismos como los soldados de Dios. Fortalecieron su cuerpo, su mente y su espíritu para la batalla que creían que marcaría el inicio de una nueva era. Tal vez los rollos del Mar Muerto encontrados en Qumrán hayan sido su biblioteca. Algunos creen que Juan el Bautista pertenecía a este grupo, porque su mensaje era similar al que se encontró en los rollos del Mar Muerto. Algunas de las creencias y prácticas de los esenios se parecían a las de Jesús y a las de la iglesia primitiva.

Estanque de Siloé: Ubicado cerca del lugar donde el Valle de Tiropeón se une al Cedrón; proveía agua potable a una gran parte de Jerusalén. El agua del estanque venía del manantial de Gihón a través del túnel de Ezequías. Jesús mandó aquí a un ciego, al que había sanado, que se lavara el barro de los ojos.

Fariseos: Significa "separados". Descendían de los hasideos ("piadosos"); consideraban que la obediencia a la Tora era el corazón de una vida piadosa. Vivían separados de acciones y de personas pecaminosas en su deseo de ser fieles. Creían en el juicio de Dios y en una resurrección donde los hombres serían recompensados o castigados de acuerdo con sus hechos. Eran la secta más grande durante la vida de Jesús; ejercieron gran control sobre la sociedad a través de las sinagogas.

Fresco: Diseño creado pintando con pinturas al agua sobre yeso mojado.

Friso: Diseño de una serie de esculturas en bajo relieve que forman una banda horizontal ornamental, alrededor de una habitación o entre el arquitrabe y la cornisa de una edificación.

Gamala: Palabra aramea que significa "camello", porque a la distancia, esta colina en las Alturas de Golán (Gaulanítide) se ve como la joroba de un camello. Ubicada al norte y al este del Mar de Galilea. Hogar de los fariseos nacionalistas (zelotes) que buscaron liberarse de la opresión romana y probablemente fueron los responsables de las frecuentes preguntas hechas a Jesús con relación a la naturaleza de su reino y del continuo deseo de nombrarlo rey. Después de una sangrienta batalla, la ciudad cayó ante Vespasiano en el año 67 d.C. Josefo registró que nueve mil personas prefirieron morir antes que rendirse a los romanos.

Genesaret. Ver Mar de Galilea.

Jalel: Una selección que comprende los Salmos 113-118 y 135-136, cantada durante las fiestas.

Jazán: líder o administrador de la sinagoga que se ocupaba del edificio y de cómo era usado.

Hebrón: Significa "liga". Antigua ciudad de Judá en el extremo sur de las Montañas de Hebrón, al norte del Neguev, y aproximadamente 30 kilómetros al sur de Jerusalén. Abraham vivió aquí y compró una tumba en esta zona, donde él, su esposa Sara, Isaac, Rebeca, Jacob y Lea fueron sepultados. La ciudad capital de David durante los primeros siete años de su reinado. Herodes construyó un gran recinto alrededor de la cueva de Macpela, donde Abraham fue sepultado.

Helenismo: Nombre dado a la cultura y la cosmovisión de los griegos. Estaba completamente opuesto a la cosmovisión teocéntrica de los judíos. El helenismo hace del ser humano el máximo fin. La mente humana es la base para la verdad, el cuerpo humano es la máxima expresión de la sabiduría, y el placer humano es el objetivo final en la vida. Es el antepasado del humanismo moderno.

Herodes el Grande: Rey de Judea decretado por los romanos en el año 40 a.C. Poco aceptado por los judíos debido a su cuestionable herencia como descendiente de Esaú y nativo de Idumea (Edom). Tristemente célebre por tratar de matar al niño Jesús ordenando el asesinato de todos los bebés varones menores de dos años de edad en Belén. Recordado por la crueldad de su reinado.

Herodiano: Todo lo relacionado con Herodes el Grande y el período herodiano; o el partido político que dominaba el territorio de Herodes Antipas y que política y económicamente apoyaba a los amos romanos.

Herodión: Fortaleza construida por Herodes el Grande (aproximadamente en el año 20 a.C.) cerca de Belén. Fue un palacio fortificado y se cree que sea el lugar de la sepultura de Herodes.

Hijos de luz: Nombre con el que los esenios (los autores de los rollos del Mar Muerto) se llamaban a sí mismos como seguidores de Dios. Sus enemigos (los romanos y el sacerdocio apóstata en Jerusalén), según ellos, eran los hijos de las tinieblas. El Nuevo Testamento también usa este lenguaje (1 Tesalonicenses 5:5).

Hipódromo: En griego, íppos ("caballo") y dramas ("curso"). Se refería a un curso o circo de carreras de caballos. Herodes construyó hipódromos en Cesarea, en Jericó y en Jerusalén, donde hubo carreras de caballos, carreras de carros, y juegos de estilo olímpico como parte de su intento por helenizar Israel.

Idumea: Otro nombre para la ciudad de Edom, que significa "rojo". Ubicada al sur del Mar Muerto y al oeste del Arabá, era el hogar de Herodes el Grande. Algunos de los primeros seguidores de Jesús venían de Idumea (Marcos 3:8).

Insula: Complejo de una casa familiar común en Capernaum y en Corazín, donde se construían muchos cuartos que eran residencias para varios miembros de una misma familia, alrededor de un patio central.

Jardín peristilo: Jardín cultivado dentro de un área con columnatas. Herodes el Grande construyó varios jardines peristilos, incluyendo en la ciudad de Jericó y en el Herodión.

Jericó: Oasis junto a un manantial en el Valle del Jordán, al norte del Mar Muerto. La primera ciudad capturada por los israelitas después de deambular en el desierto durante 40 años.

Jerusalén: Ubicada en las montañas de Judea al oeste del Mar Muerto, al borde del Valle del Jordán, en el límite con el desierto de Judea. El rey David capturó la estribación de la montaña y la ciudad allí existente, Jebús, convirtiéndola en la "ciudad de David", el centro religioso y político de los israelitas. David compró una era, el lugar tradicional donde se cree que Abraham se había preparado para sacrificar a su hijo Isaac a Dios, para ser el lugar futuro del templo de Dios, el cual finalmente fue construido por Salomón (2 Crónicas 3:1). Dios envió a Jesús a Jerusalén para completar su obra mesiánica al ser crucificado, sepultado y resucitado de los muertos en la misma montaña donde Abraham había intentado llevar a cabo su sacrificio, y donde se hacían los sacrificios en el templo. Esto creó una conexión física entre los eventos de la historia judía y los seguidores de Jesús. En la Biblia, la "Jerusalén celestial" simbolizaba el reino celestial de Dios que vendrá al fin de los tiempos.

Josefo: Historiador judío llamado Flavio Josefo, autor de cuatro importantes textos no bíblicos que narran la vida y la cultura judías. Nacido de una familia sacerdotal aproximadamente en el tiempo de la muerte de Jesús, murió alrededor del año 100 d.C.; fue un comandante galileo en la primera revuelta judía. Atrapado en la ciudad sentenciada de Jotapata, Josefo convenció a otros sobrevivientes para que se suicidaran, preparando el escenario en el que él sería el único con vida. Se rindió al comandante romano Vespasiano, y profetizó que éste se convertiría en emperador. Vespasiano hizo de Josefo un escriba y un miembro de su propia familia; y lo convirtió en ciudadano romano. Escribió extensamente acerca de la primera revuelta judía y de la historia judía, y confirmó que las descripciones de la vida y de la cultura del Nuevo Testamento eran precisas.

Judaísmo rabínico: Práctica religiosa judía posterior a la destrucción del templo (en el año 70 d.C.), que se centraba en la Tora y en su interpretación por los rabíes.

Judea: Región de Israel, llamada así por la tribu de Judá, donde se encontraba Jerusalén. Gobernada por Herodes el Grande, posteriormente le fue dada a su hijo Arquelao; luego, directamente bajo la autoridad romana. El liderazgo del templo de Judea se resistió al mensaje y al ministerio de Jesús.

Legión: Una designación militar compuesta de soldados que usaban lanzas, arqueros, estrategas, caballería y reservas. Algunas de las mejores legiones romanas, incluyendo la décima, fueron estacionadas en Israel durante el primer siglo. La palabra legión también fue usada para describir a una hueste de demonios o a un ejército de ángeles.

Macabeos: Familia del sumo sacerdote Matatías y de su hijo Judas, quien se levantó contra el opresor Antíoco, rey de Siria, un griego seléucida; Judas purificó el templo después de la profanación por parte de los sirios. Los judíos permanecieron libres, gobernados por los macabeos (nombre de la familia: asmoneos) hasta el año 63 a.C. El símbolo macabeo de una rama de palmera se convirtió en un símbolo nacional de libertad. La Januká (o la fiesta de la dedicación) celebraba la purificación del templo por parte de Judas Macabeo.

Manual de disciplina: Uno de los escritos de los esenios encontrado entre los rollos del Mar Muerto; describe las reglas de la comunidad.

Mar de Galilea: Lago de agua potable alimentado por el río Jordán, ubicado en el Valle del Jordán y lugar de la industria de pesca comercial del primer siglo; importante por una ruta de comercio en su ribera norte. Jesús pasó la mayor parte de su ministerio aquí, e incluso fue aquí donde realizó su milagro de caminar sobre el agua.

Mar Muerto: Un lago en el Valle del Jordán, conocido como el Mar de Sal; tiene 80 kilómetros de largo y 16 kilómetros de ancho, y su contenido de sal es cinco veces más concentrado que el del océano, y es inhabitable para la vida marítima. La comunidad esenia vivía en el desierto a lo largo del Mar Muerto.

Masada: Una fortaleza ampliada por Herodes el Grande para que incluyera un palacio; ubicada sobre la meseta de una montaña a orillas del Mar Muerto cerca de Idumea. David escribió: "Jehová, roca mía y castillo mío" (Salmo 18:2), una posible referencia a esta meseta plana. A lo largo de la cumbre de la montaña que mide unos 300 metros, Herodes construyó un muro con 37 torres para defender la fortaleza de atacantes, y un palacio de tres niveles dentro de la pared de la montaña. Temiendo que Marco Antonio le diera su reino a Cleopatra de Egipto, Herodes fortificó Masada como una vía de escape. En la primera revuelta judía fue el último bastión de los rebeldes, quienes prefirieron suicidarse antes que rendirse. Un símbolo para el pueblo judío, de su determinación por mantenerse libres.

Mikvé (plural, mikvot): Un baño ceremonial donde una persona se sumerge para quedar ritualmente limpia de acuerdo con la ley judía. Un mikvé debe tener por lo menos una profundidad de 1,35 metros y contener no menos de 750 litros de agua. La mayor parte de esa agua era traída por tuberías desde cisternas llenadas por acueductos que estaban conectados a ríos o a manantiales, necesarios para proveer "agua viva" (agua corriente limpia y fría) para asegurar la pureza. A menudo el agua era almacenada junto al mikvé en un depósito especial (*otsar*). Los adoradores se sumergían antes de entrar al monte del templo. Es probable que se usara un mikvé en los bautismos para el cumplimiento cristiano de Pentecostés.

Monte Arbel: Montaña que se eleva 300 metros por encima del Mar de Galilea. Lugar de una sangrienta batalla en el año 38 a.C. entre los judíos de Galilea y Herodes el Grande, por el control de Galilea.

Monte del templo: La montaña sobre la cual el templo de Jerusalén fue construido, y/o la plataforma sobre la que el templo y sus patios fueron levantados. La plataforma del rey Herodes estaba sostenida por muros macizos, el más alto de los cuales tenía una altura de 50 metros, con una longitud de más de 500 metros, de norte a sur, y con más de 300 metros de ancho, de este a oeste. Tenía una capacidad para albergar a 200 mil peregrinos.

Nabateos: Árabes que vivían al sur y al este de Israel y que tuvieron un gran impacto sobre los eventos del Nuevo Testamento. Una civilización muy avanzada que desarrolló la capacidad de cultivar zonas desérticas. Controlaban el comercio de especias y las rutas comerciales que cruzaban Israel desde Arabia.

Nacimiento: Escena de la natividad.

Neguev: Significa "seco" o "reseco". Desierto en el extremo sur de Israel, al sur de las Montañas de Judea. Los israelitas deambularon por aquí durante sus 40 años en el desierto. Hogar de Jacob, padre de las doce tribus, de muchos nómadas del desierto y de comerciantes de especias. Elías huyó de la reina Jezabel al Neguev.

Palestina: Nombre dado a la Tierra Prometida después de la segunda revuelta judía (132-135 d.C.). Se deriva de la palabra Filistea y fue usado por los romanos para denigrar a los judíos.

Procurador: Gobernador militar romano. Poncio Pilato era procurador de Judea.

Qumrán: Una pequeña comunidad cerca del extremo norte del Mar Muerto, habitada desde el año 130 a.C. hasta el año 70 d.C., probablemente por los esenios. Los rollos del Mar Muerto fueron encontrados cerca de aquí.

Revuelta de Barcokebas: Otro nombre para la segunda revuelta judía contra Roma (132-135 d.C.). El líder de la revuelta fue un hombre llamado Barcokebas.

Río Jordán: En hebreo, *Yardén* que significa "que desciende". Las cabeceras del río son alimentadas por nieve derretida del Monte Hermón y por manantiales subterráneos; fluye hacia el Mar Muerto; lugar donde Juan el Bautista bautizó a Jesús.

Rollo de cobre: Uno de los rollos del Mar Muerto, grabado en cobre, que afirma identificar un gran tesoro que había sido escondido antes de la destrucción del templo.

Rollos del Mar Muerto: Comentarios o manuales de instrucción para la comunidad esenia, descubiertos en 1947 junto al Mar Muerto, en cuevas cerca de las ruinas de Khirbet Qumrán. Proveen valiosa información en cuanto a las creencias de una comunidad religiosa de los tiempos de Jesús; contienen muchas referencias que muestran temas, lenguaje y creencias semejantes a las enseñanzas de Jesús, de Juan el Bautista y de la iglesia primitiva. Ayudan a verificar los textos más precisos del Antiguo Testamento. Aunque estos rollos son mil años más antiguos que otros manuscritos hebreos, existen muy pocas diferencias, e indican el milagro de cómo Dios ha protegido su Palabra a través de la historia.

Saduceos: Significa "justos". Eran la rica aristocracia judía, que afirmaban ser descendientes y que tenían la autoridad del sumo sacerdote Sadoc. Supervisaban el templo; su teología se basaba en los cinco primeros libros de la Biblia; no creían que Dios interfiriera en las vidas humanas ni tampoco creían en la vida después de la muerte. Tenían fama de corruptos; rechazados por el pueblo común; fueron ayudados por los romanos para preservar su propio poder político y sus riquezas al colaborar con ellos. Puesto que formaban la mayoría de los 70 miembros del concilio religioso (Sanedrín), ejercían gran autoridad sobre los asuntos cotidianos de la nación. Eran los que más tenían que perder con el ministerio de Jesús, ya que Él desafió la autoridad del templo. Muchos eruditos bíblicos creen que los saduceos fueron los responsables del complot para matar a Jesús, haciendo que lo arrestaran e interrogaran, para después entregarlo a los romanos.

Sanedrín: Significa "concilio". Corte suprema judía, el máximo concilio religioso, compuesto por 70 miembros y el sumo sacerdote. El número 70 tradicionalmente se basaba en el nombramiento de 70 ancianos por parte de Moisés (Números 11:16) para administrar los asuntos de Israel. Usado por los romanos para tratar los asuntos cotidianos. La mayoría de sus miembros eran saduceos, el grupo religioso más amenazado por el ministerio de Jesús, quienes tramaron contra Él, lo interrogaron y lo entregaron a los romanos.

Scriptorium: Nombre dado a una habitación en la comunidad de Qumrán, en la que muchos eruditos bíblicos creen que los esenios escribieron algunos de los rollos del Mar Muerto.

Séforis: Nombre griego para el hebreo Zipori, que significa "ave", ya que el pueblo con ese nombre estaba posado como un ave sobre la cumbre de una montaña en la baja Galilea. Ciudad helenista construida como la capital regional de Herodes Antipas; importante centro urbano de la cultura y del poder helenistas, con 20 mil habitantes. Construida a 5 kilómetros y medio de Nazaret durante la infancia y la juventud de Jesús; es probable que Él y su padre, José, trabajaran aquí como *téktones* (constructores).

Septuaginta: Significa "70". Traducción griega del Antiguo Testamento hecha durante el gobierno de los tolomeos sobre los judíos. Frecuentemente citada por los autores del Nuevo Testamento.

Shavuot: Significa "semanas"; también conocida como Pentecostés o como la fiesta de las semanas. Se celebra 50 días después del día de reposo que le sigue a la Pascua.

Shofar: Trompeta hecha del cuerno de un carnero. Relacionada con el carnero atrapado en un matorral y sacrificado por Abraham en lugar de Isaac. Usada para intimidar a los enemigos, para llamar al pueblo a una asamblea, y para anunciar el tiempo de oración, el inicio y el final del día de reposo, y las fiestas, como Rosh Jashaná, Yom Kipur, Sucot y la Pascua. Se cree que esta trompeta dará la señal del juicio final en el fin del mundo.

Sicarios: Una secta extremista de los zelotes, que tomó gran parte en la primera revuelta judía. Su nombre se deriva de su daga corta y curva (sica), la cual usaban para asesinar a romanos y a colaboradores judíos.

Siria: Nación o área al norte y al este de Israel. En el Antiguo Testamento: un enemigo implacable de Israel. En el Nuevo Testamento: una gran provincia (que incluía a Israel) bajo el control romano. En el tiempo de Jesús, una gran comunidad judía vivía en su capital, Damasco.

Tabernáculos (festival, santuario, Sucot): La séptima fiesta anual (Levítico 23) cuando se requería que todos los varones fueran a Jerusalén. El pueblo celebraba el tiempo en que Israel deambuló en el desierto, viviendo en refugios temporales. Se incluía una ceremonia con agua como parte de una oración por la lluvia.

Tel: Montículo de escombros compuestos de capas de ruinas de ciudades. Las ubicaciones para las ciudades en Israel se determinaban por el acceso al agua, por el desarrollo de una ocupación económica y por su posibilidad de defensa. Con el tiempo, una ciudad crecía, era conquistada y destruida por enemigos, para ser reconstruida por otro pueblo sobre las ruinas de la antigua ciudad.

Tetrarca: Un funcionario político romano; que poseía una cuarta parte de un reino. Cuando Herodes murió, sus tres hijos y otras personas recibieron parte de su reino; dos de estos hijos se convirtieron en tetrarcas, y el otro se convirtió en etnarca.

Tiberias: Capital construida por Herodes Antipas sobre la ribera oeste del Mar de Galilea; llamada en honor a Tiberio César. Se creía que había sido construida sobre un cementerio y por lo tanto, era considerada impura por los judíos religiosos. Después del año 70 d.C. se convirtió en un centro del pensamiento judío religioso.

Tolomeos: Descendientes de Tolomeo I (uno de los generales de Alejandro Magno) quienes gobernaron Egipto desde el año 323 hasta el 198 a.C. Israel estaba bajo su control durante ese tiempo. Por lo general, eran gobernantes benévolos, aunque trataban de difundir la influencia del helenismo entre los judíos.

Tora: Palabra hebrea que significa "una enseñanza"; los primeros cinco libros de la Biblia, el pacto de Dios con Israel dado a Moisés. Fundamentalmente, una enseñanza acerca de Dios y de su pueblo; en realidad, una guía para vivir más que una colección de leyes. Cuando Jesús dijo que venía a cumplir la Tora, quiso decir que venía para enseñar cómo vivir por las enseñanzas y demostrar el significado de la Tora.

Triclinium: Un salón de recepciones o banquetes, o un salón comedor. Las mesas eran colocadas en forma de "U", y rodeadas de sillones, donde los comensales se reclinaban para comer.

Valle del Jordán: Valle al este de Israel, donde se ubican el Mar de Galilea y el Mar Muerto.

Valle de Jezreel: Significa "Valle de Meguido". Un valle fértil y agrícola cuya ubicación estratégica llevó a frecuentes batallas por controlar la ruta de comercio mundial entre el oeste y Mesopotamia/Babilonia. Usado por los autores bíblicos como el escenario simbólico del triunfo final del poder de Dios sobre el mal, Armagedón. Nazaret está cerca de este valle.

Vía Maris: Del latín: "camino del mar". Posiblemente el nombre de la ruta de comercio internacional entre el imperio de Mesopotamia (al este) y Egipto (al oeste), o una pequeña porción de una ruta cerca del Mar de Galilea. Mateo dice que Jesús se estableció cerca de Capernaum, por "el camino del mar", queriendo decir la Vía Maris, y así, desarrolló su ministerio en una zona que era conocida por la ruta principal que corría a través de ella.

Wadi: Cañones de montaña que llevan agua sólo cuando llueve; lechos de río secos con repentinas inundaciones ocasionales. El Wadi Kelt era un paso importante hacia las Montañas de Judea y a través de ellas, entre Jericó y Jerusalén.

Yavé: El Dios de Israel, cuyo nombre significa "Yo soy" o "Yo soy el que soy", indicando que Dios es completamente autónomo, y que no depende de nadie en lo que respecta a su ser o poder. El nombre más sagrado y santo de Dios; otras referencias al ser Divino como Dios, Señor o Todopoderoso son títulos. El pueblo judío del tiempo de Jesús evitaba pronunciar este nombre por temor a usarlo en vano. Para referirse a Dios usaban el término Adonai (en griego, "Señor" o "Amo").

APÉNDICE

Ilustración 57 El mundo romano

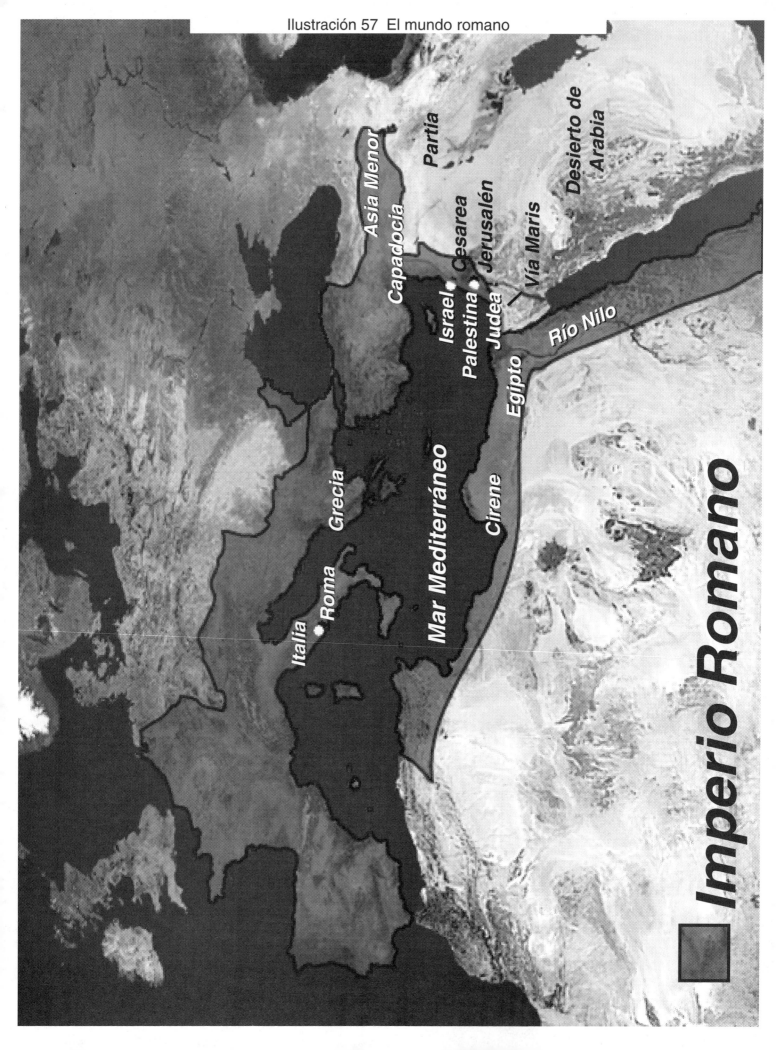

Ilustración 60 Cronología del Nuevo Testamento

CRONOLOGÍA
DE LOS TIEMPOS BÍBLICOS

a.C.

586 a.C.	Cautiverio babilónico de Judea
ca 500 a.C.	Retorno a Israel
332 a.C.	Alejandro Magno conquista Palestina
330–198 a.C.	Dominio de los Tolomeos helenistas sobre los judíos
198–167 a.C.	Opresión bajo Seléucidas helenistas
167 a.C.	Rebelión de los Macabeos
167–63 a.C.	Reino asmoneo (macabeo)
63 a.C.	Conquista romana de Judea
37 a.C.	Comienza el reinado de Herodes
ca 6 a.C.	Nacimiento de Jesús
4 a.C.	Muerte de Herodes el Grande
4 a.C.–6 d.C.	Arquelao gobierna Samaria, Judea e Idumea
4 a.C.–39 d.C.	Herodes Antipas gobierna Galilea y Perea
ca 27–30 d.C.	Ministerio de Jesús
ca 30 d.C.	Jesús es crucificado
ca 35 d.C.	Conversión de Pablo
44 d.C.	Muerte de Herodes Agripa
46–61 d.C.	Viajes misioneros de Pablo
57–59 d.C.	Prisión de Pablo en Cesarea
66–73 d.C.	Primera Rebelión Judía contra Roma
70 d.C.	Destrucción de Jerusalén por Roma durante la Primera Rebelión Judía contra Roma; el templo es destruido
73 d.C.	Cae Masada
131–135 d.C.	Rebelión de Barcoquebas (Segunda Rebelión Judía)

d.C.

Ilustración 105 Galilea del ministerio de Jesús

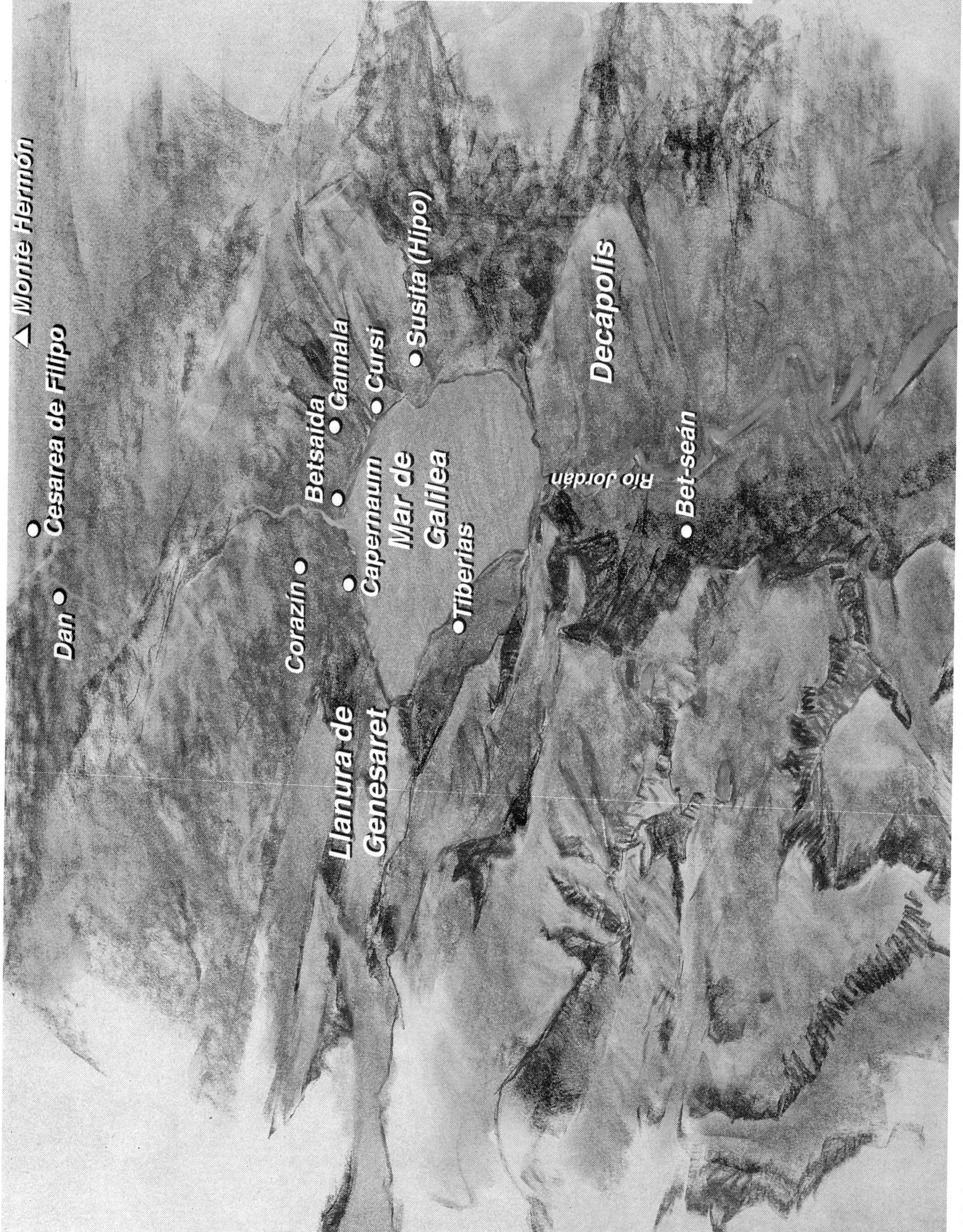

Ilustración 107 Topografía de Jerusalén

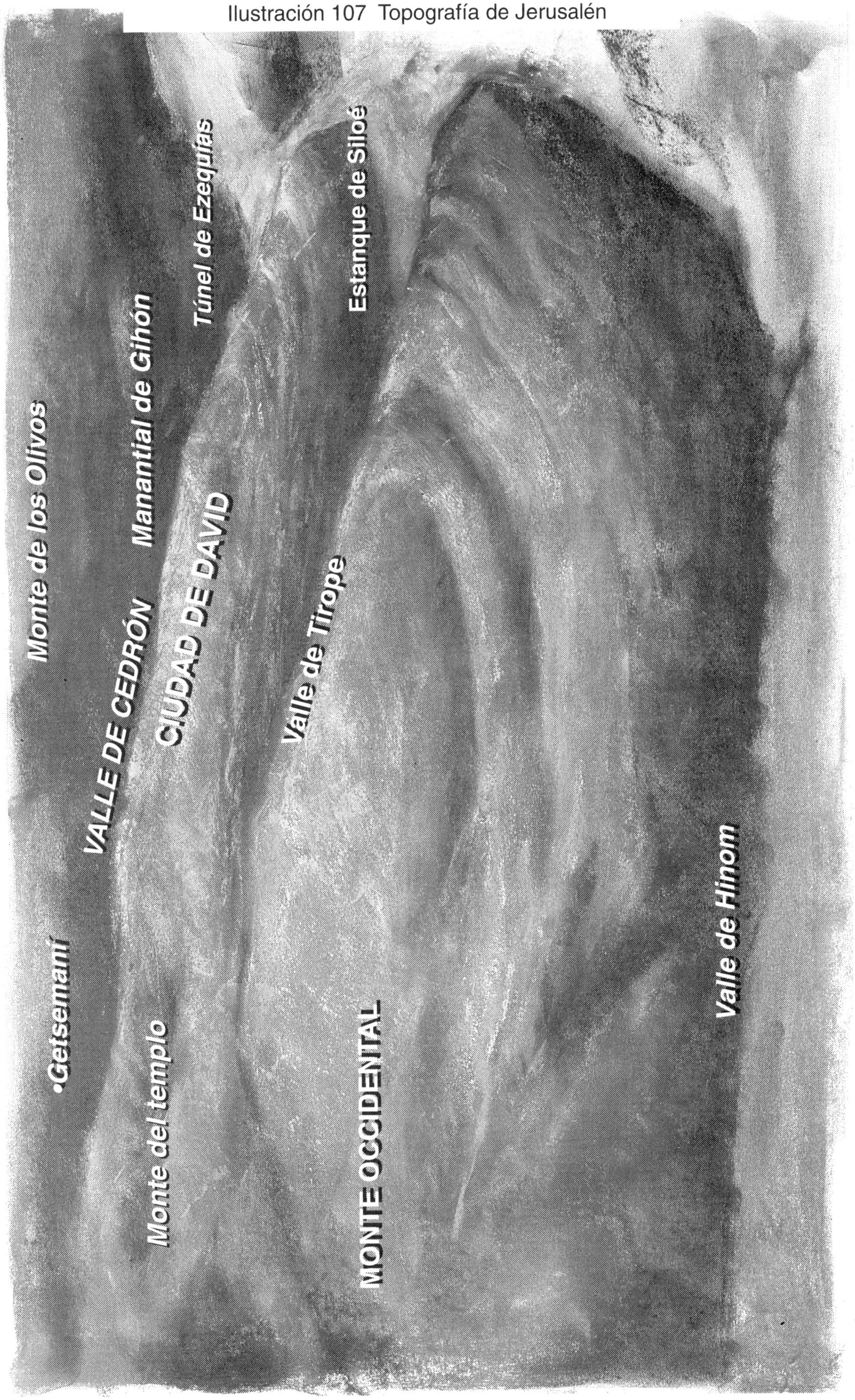

Ilustración 108 Los distritos de Jerusalén

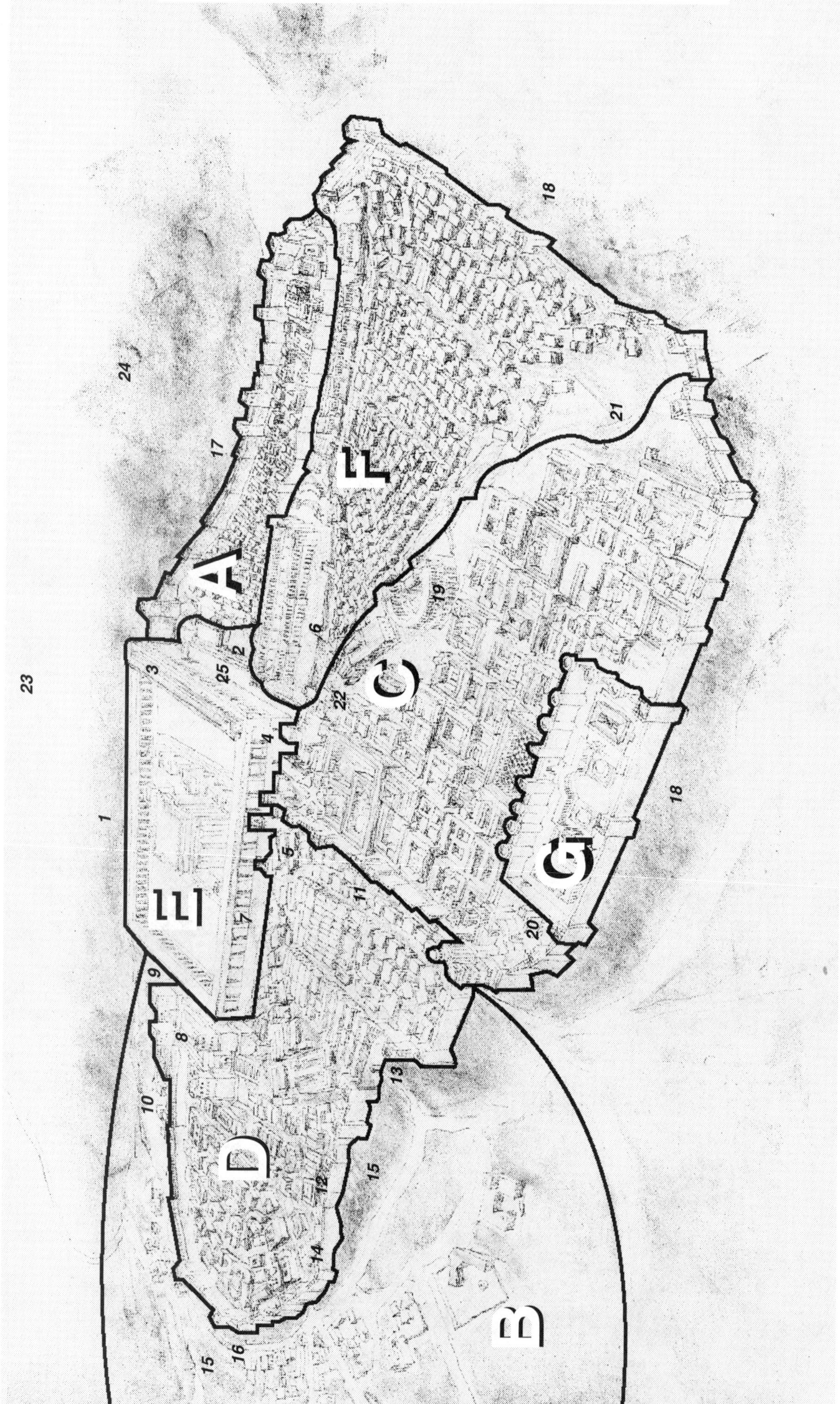

A Ciudad de David
B Ciudad nueva
C Ciudad alta
D Distrito de comercio
E Monte del templo
F Ciudad inferior
G Palacio de Herodes

1 Puerta oriental
2 Gradas del sur
3 Pórtico Real
4 Arco de Robinson
5 Arco de Wilson
6 Calle de Tiropeón
7 Puerta de Warren
8 Antonia
9 Puerta de Tadi
10 Estanque de Betesda
11 Primera muralla
12 Segunda muralla
13 Puerta del huerto
14 Puerta de las torres (de Damasco)

15 Gólgota (?)
16 Sepulcro del huerto
17 Manantial de Gihón
18 Valle de Hinom
19 Teatro
20 Ciudadela y Palacio de Herodes
21 Barrio esenio
22 Mansiones
23 Monte de los Olivos
24 Valle de Cedrón
25 Puerta de Hulda

Ilustración 109 La Jerusalén de David y de Salomón

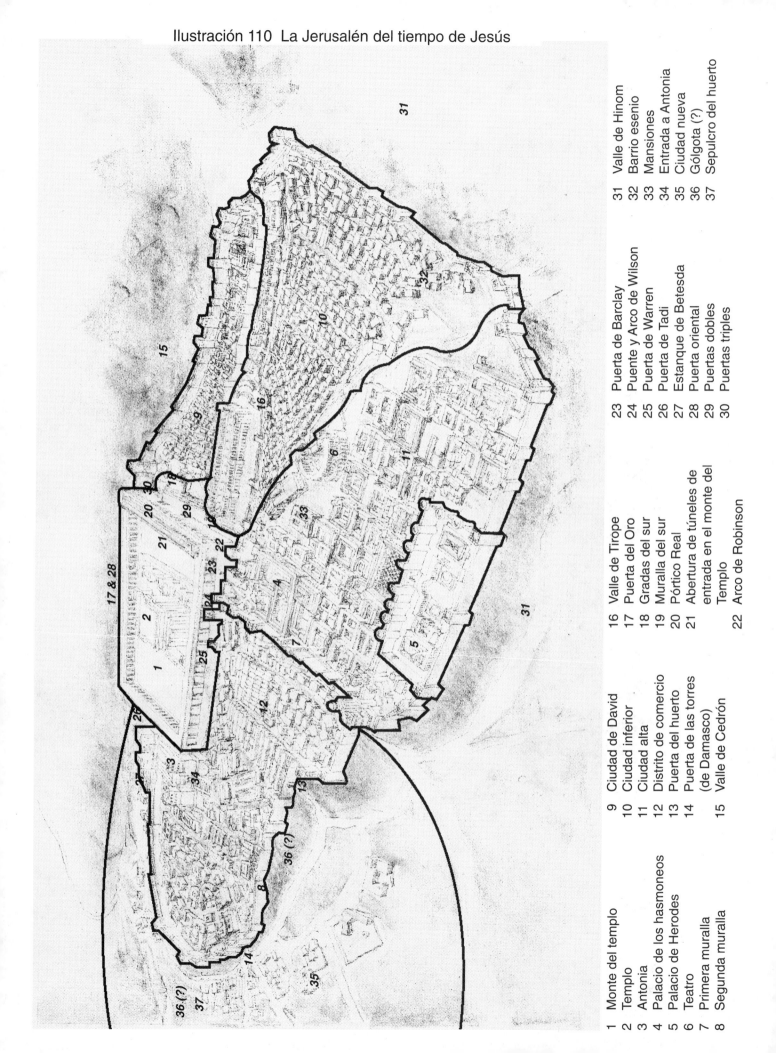

Ilustración 110 La Jerusalén del tiempo de Jesús

1. Monte del templo
2. Templo
3. Antonia
4. Palacio de los hasmoneos
5. Palacio de Herodes
6. Teatro
7. Primera muralla
8. Segunda muralla
9. Ciudad de David
10. Ciudad inferior
11. Ciudad alta
12. Distrito de comercio
13. Puerta del huerto
14. Puerta de las torres (de Damasco)
15. Valle de Cedrón
16. Valle de Tirope
17. Puerta del Oro
18. Gradas del sur
19. Muralla del sur
20. Pórtico Real
21. Abertura de túneles de entrada en el monte del Templo
22. Arco de Robinson
23. Puerta de Barclay
24. Puente y Arco de Wilson
25. Puerta de Warren
26. Puerta de Tadi
27. Estanque de Betesda
28. Puerta oriental
29. Puertas dobles
30. Puertas triples
31. Valle de Hinom
32. Barrio esenio
33. Mansiones
34. Entrada a Antonia
35. Ciudad nueva
36. Gólgota (?)
37. Sepulcro del huerto

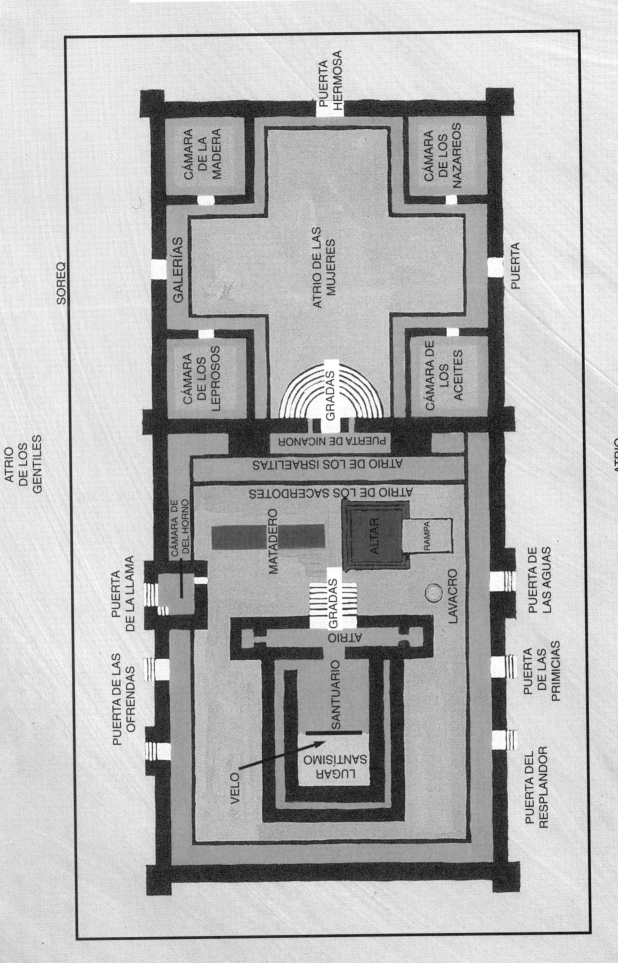

Ilustración 111 Los patios del templo

Ilustración 112 El monte del templo: 70 d.C.

1 Templo
2 Pórtico real
3 Columnata de Salomón
4 Gradas del sur
5 Muralla del sur
6 Puertas dobles
7 Puertas triples
8 Baños rituales
9 Plaza
10 Arco de Robinson
11 Puerta de Barclay
12 Arco de Wilson
13 Puerta de Warren
14 Lugar de las trompetas
15 Calle de Tirope

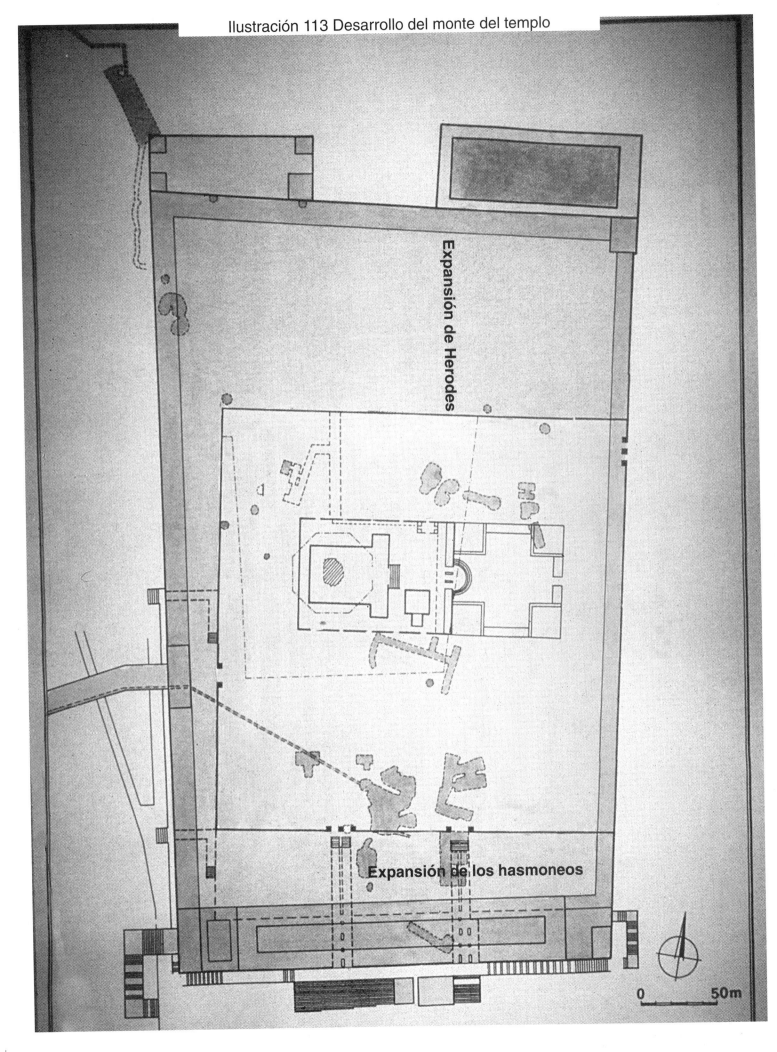

Ilustración 113 Desarrollo del monte del templo

Ilustración 115 Prensas de aceitunas

Ilustración 116 Cesarea

A Teatro
B Palacio
C Templo de Augusto
D Puerto (Sebastos)
E Faro
F Acueducto
G Anfiteatro
H Hipódromo

Ilustración 144 Jerusalén desde el huerto tradicional de Getsemaní

Ilustración 145 Prensas de aceitunas

Una prensa de basalto

Un getsemaní en Capernaum

Una prensa de aceitunas

Un getsemaní

Ilustración 146 Cultivo de olivos

Aceitunas madurando

Aceite de oliva

Un huerto de olivos

Aceitunas

Ilustración 147 El huerto del sepulcro

Ilustración 148 Costumbres fúnebres

Osarios

La tumba de la familia de Herodes

Canal para la piedra

Precipicio en el huerto del sepulcro

Ilustración 149 Ruinas del puerto

Ilustración 150 Escenas de Cesarea

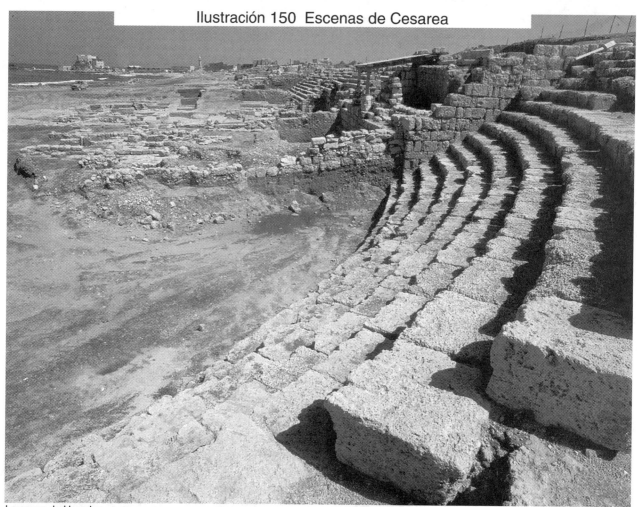

La arena de Herodes

El acueducto

Ilustración 151 El palacio de Herodes

Ilustración 152 Las ruinas del sueño de Herodes

Friso de mármol

La piedra de Pilato

Piso de mosaico

Estatua romana

Ray Vander Laan es ministro ordenado en la Iglesia Cristiana Reformada y ha enseñado la Biblia en instituciones educativas cristianas por dieciocho años. Tiene títulos del Dordt College y del Westminster Seminary, y está terminando su doctorado en el Trinity College. A lo largo de su carrera, Raynard Vander Laan ha estudiado el contexto cultural de la Biblia. Cree profundamente en la inspiración de las Escrituras, aplica la Palabra de Dios específicamente a la cultura moderna y a las situaciones de la vida. La serie *Para que el mundo sepa* está basada en viajes de estudio que Raynard Vander Laan conduce con regularidad en Israel.

NOTAS

NOTAS

NOTAS

NOTAS

NOTAS